英語は
はやく
はじめよう！

早期英語教育の教室から

御子柴 理佐 著
Lisa Mikoshiba

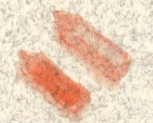

大修館書店

Happy English World
第5章「楽しい英語の世界」

Halloween

Easter

Christmas

English, Music & I
第2章「私と英語と音楽」

↓留学先の高校で，演劇仲間といっしょに。

↑国語は日本語教室で…。

←ホストシスターのKarinと。

→そして今，教室で子どもたちと。

まえがき

「早期英語教育について書いてみませんか。」

そう提案された時，正直に言って「私にそんな偉そうなことが書けるわけがないっ！！！」って思いました。たまたま英語と長年接してきて，子どもたちの笑顔を見るのが大好きで，この仕事に携わってきましたが，本なんて大それたこと，とてもとても私には……。それに，私よりずっとずっとキャリアの長い経験豊かな先輩方をさしおいてそんなおこがましいことを……。もう"ビビディ，バビディ，ブー"ならぬ「びびり，まくり，ぶー」状態でした。それでも，「こんな私でも，何かこの世に残せるものがあるのかしら」という思いが頭をもたげ始めたのも事実でした。「難しいことはなんにも書けないし熟語も苦手ですけど，レッスンを通して自分なりに感じたことや自分と英語の関わり方，ということでしたら書けるような気がします。」そうお返事して，サンプル原稿を何ページか書いてみてから1年半。きっと編集者の須藤さんは笑顔の下で「本人の言った通り，こりゃ'作文'だなあ。うっ，前途多難……。」と思われていたことでしょう。事実その通り，叱咤激励されながらおかげさまでようやく出版することができ，今，この本を「喜びにむせび泣きながら」手にしている次第です。

さて，2002年から小学校の「総合的な学習の時間」で英語を導入してもよいということになり，にわかに「早期英語教育」というものが脚光を浴び始めました。「早期」とぅいう言葉は，私自身，妙に「お受験」ぽくていい印象がないのですが，要するに「早いう

ちからいいことは始めよう」ということだと理解しています。その「いいこと」というのが，この本でご紹介する「英語」なのですが，ねえ，そんな日本語がまだ十分でないおむつをした子どもに英語だなんて，って思われる方はまだまだ世の中には大勢いらっしゃるかもしれません。確かに，机に座らせていろいろ暗記させたり書かせたりするいわゆる「お勉強」を頭に描かれているのであれば当然，「そりゃあ，無理だわ。」ですよね。でも，子どもたちが「わかんなーい。」と意識する以前に，遊びの延長のような感じで，私たち大人が苦手な「英語」を自然に覚えていってくれるとしたら，どうでしょう。大人の固い頭ではもうどうにもならない微妙な母音の違いだとか，外国人に会っても堂々としていられる勇気を，子どもたちは小さいうちに身につけてしまうんですね。すごいですねえ，うらやましいですねえ。私は何もオーバーに語っているわけではないんですよ。実際にこの目で見てきたこと，感じたことをそのまま書いているだけなんです。教室でもすごーく難しいことを教えているわけではなく，子どもたちと一緒に楽しく歌ったり踊ったり，時には大きな声でしかったり，心ごと体ごとぶつかっていってるだけなんです。そんな中で子どもたちは，はっと驚くような，あるいは，思わず笑っちゃうようなかわいらしい数々のエピソードを提供してくれます。（登場する子どもたちの名前は，すべて仮名です。）

　この一冊を読んでいただいた後に，お母さん方やこれから子どもに英語を教えようと思っている方たちの心に，なにか一つでも「すてきなこと」として残ってくれればいいなと願っております。

　最後に，この場をお借りして，ヤマハ（株）教育システム事業部関係各位，サクライ楽器の桜井健一社長，スタッフの方々，先輩の守谷ふみ子先生，大川泉先生，馬場則子先生，同期の高野知子先生，中尾典子さん，すてきな英語の曲を創ってくださった多くのヤマハの方々，そしてわがままな私に辛抱強くお付き合いくださった

編集者の須藤彰也さんに，心より御礼申し上げます。

2001年2月

御子柴　理佐

目　次

まえがき　iii

第1章　なぜ「今」英語なの？ ── 早期英語教育に関する7つの質問　3

質問1 ── 早期って一体いつ頃ですか？　5
質問2 ── 母親の私自身英語に自信がないんですけど……。大丈夫でしょうか？　7
質問3 ── 大人ができない発音を，子どもは簡単に言えるってホント？　10
質問4 ── 子どもの心って英語を受け入れやすいようにできているの？　12
質問5 ── 本当に遊びながら覚えられるの？　13
質問6 ── 子どもには明確な動機付けはいらないのかしら？　17
質問7 ── そもそも英語を習う意味って何？　20

第2章　私と英語と音楽　25

父が与えてくれたもの　26
記憶の中の歌　28
ヤンキー娘ができあがるまで　29
"カラフル"な毎日　33

英語的人格の形成期　39
バイリンギャルよっ！　文句ある？　42
わがまま娘アメリカに再び渡る　47
初体験その1は舞台の上!?　51
初体験その2は鍵盤の上!?　54
あなたも私も帰国子女　56
私の選んだ道　58
伝えたいこと　61
インターネットはすごいねっと　62
なんだかんだの35年　64

第3章　クラス風景と子どもたちの変化　67

英語の世界はワンダーランド ── 2～3歳児のクラス①　68
先生は"おいしそう"!? ── 2～3歳児のクラス②　77
そっくりでショー ── 2～3歳児のクラス③　79
へえーそうなんだ！　不思議1 ── 2～3歳児のクラス④　83
子どもの耳はウサギの耳 ── 2～3歳児のクラス⑤　84
Loveはラヴ，なんだよね～ ── 2～3歳児のクラス⑥　90
コミュニケーション　はじめのいーっぽ
　　　── 4～6歳児のクラス①　92
俵のねずみがバン食ってsqueak!?
　　　── 4～6歳児のクラス②　100
へえーそうなんだ！　不思議2
　　　── 4～6歳児のクラス③　102
抱腹絶倒　お買い物ごっこ ── 4～6歳児のクラス④　105
難しく考えなくても大丈夫 ── 4～6歳児のクラス⑤　111

A，B，C だけじゃないんだよね
　　── 4～6歳児のクラス⑥　114
お母さんにはちょっと難しい!?　── 7～9歳のクラス①　119
聞いて聞いて，私の英語　── 7～9歳のクラス②　124
遊びの達人恐るべし　── 7～9歳のクラス③　127
へえーそうなんだ！ 不思議 3 ── 7～9歳のクラス④　132
最高のエンターテイナー ── 7～9歳のクラス⑤　133
涙と友情 ── 9歳以上のクラス①　136
ローマ字って…… ── 9歳以上のクラス②　140
おませな二人にてんてこ舞い ── 9歳以上のクラス③　141
英語グレード　145
グレードはグレート　155
これ歌で出てきたよね　157
音楽と英語は相思相愛　158
12歳の課題，そしてこれから　162
輝く未来の子どもたち　167

第4章　家庭での子どもとの関わり方/小学校の「英語」とのかね合い　169

樋口希美子ちゃんの場合（小学1年生）　170
下村末帆ちゃんの場合（3歳）　174
小学校以上の子どもと英語　186
小学校に「英語」が導入されてから　188
小学校で可能な英語授業 ── ゲームの紹介　189

第5章　楽しい英語の世界　199

春だ！ 花見だ！ イースターだ！　200

私は「だあれ？」　203
　　ジングル・ベルで賑やかに　210
　　Kids & English　215

付録　225
　　〈付録1〉「早期英語教育」等に関するアンケート　226
　　〈付録2〉2000年度 Kids & English 出展用スキット例　231

参考文献　233
あとがき　234

英語ははやくはじめよう!

第1章
なぜ「今」英語なの？
―― 早期英語教育に関する7つの質問 ――

既に多くの方はご存じだと思いますが，2002年から実施される新学習指導要領でうたわれている「総合的な学習の時間」の中で，国際理解に関する学習の一環として「外国語会話」などを行ってもよい，とされています。外国語＝英語と即結びつけられることに異議を唱える方もいるかもしれませんが，ビジネスの世界でもインターネットの世界でも英語が世界の共通語であることはもはや否定できない事実ですし，「とりあえず」という言い方をすると各方面の先生方に怒られそうですが，私自身きっかけは別にしても「とりあえず英語が話せて良かったし，プラス面もたくさんあったし……」という単純な理由から外国語＝英語という意見に特に異論はありません。もちろん，例えばその小学校がある地域には南米の方たちがたくさん住んでいらして，彼らの主な言語であるポルトガル語をこの外国語会話の中で取り入れたりするのもとてもすばらしいことだと思います。このように地域によって別の言語を話す国の方たちが大勢住んでいる場合，彼らを学校に招いて彼らの国の言葉や文化を理解すると同時に，彼らの日本での生活がよりよいものになるように，自分たちの文化も理解してもらえるよう協力するのもいいと思います。こうしたことこそまさに「国際理解」と言えるでしょう。

　ですから，「絶対英語でなきゃだめ」だとか「英語を第二の公用語に」なんて決して思っているわけではないのですが，世界中のあらゆる国の言語を全てマスターすることはできないのですから，一番多く使用されている英語に多くの日本人ができるだけ早いうちから接して，その結果話せるようになったら，やっぱりメリットは大きいと単純に思えるのです。だって6年間も英語に接していながらほとんど話すことができないなんて，残念だしくやしいと思いませんか。何をしてきた6年間だったのかって。言葉というものは，もちろん発話するだけのものではありませんが，教科書から飛び出し

てもっと様々な場面でいろんな人と接してこそ、生き生きと「コミュニケーションの手段」としての役割が果たせると思うのです。

それでは、なぜ「今」英語なのでしょう。まずこの第一章では、早期英語教育にまつわる素朴な疑問に答える形で、この「なぜ？」を探っていきたいと思います。

❄ 質問１── 早期って一体いつ頃ですか？

早期というのは一体何歳から何歳ぐらいまでを指すのかと疑問に思われる方も多いと思いますが、これには厳密な範囲は規定されておらず「適期」という言葉に置き換えてみると「何かをする時に適した時期」ということになります。大脳生理学上言語を習得する上でもっとも適した時期というのが２歳ぐらいから８歳ぐらいと言われていますが、アンダーセンは、人間は誕生から８歳前後までは言葉を含め、物事を感覚的に捉えると言っており、この時期を過ぎると知覚的に捉えるとしています。これがいわゆる「臨界期」と言われている時期で、８歳以前ですと、外部からの刺激が感覚的に処理されていくので、それが例えば英語という「言葉」だとしても最初は頭の中で、「ん？　これは新しい"音"のようだけど……」というように言語というカテゴリーとしてではなく、それまでとは違った「音」として認識されていきます。しかし、違った音に初めて接しても、まだ神経回路が発達段階であるため、それを繰り返し聞いているうちに、聞いた通りの音の回路が出来上がっていくというわけです。もちろん２，３歳児ですと「まだ日本語も舌たらずなのに、英語の発音をうまく聞き分けられるものなのかしら」ですとか「英語を聞くようになると日本語がおかしくならないかしら」と心配なさるお母さんもいらっしゃるかもしれませんが、神経回路が未発達だからこそ、たくさんの英語の音を聞かせてあげれば英語独特

の音やリズム, イントネーションが聞き分けられる力が徐徐に育っていくのです。また, 日本語への弊害も, 幸か不幸か普段幼児たちが耳にする言葉は圧倒的に日本語が多いので, よっぽど熱心なお母さんで, 一日中子どもに英語で話しかけていたり, 見せるテレビやビデオも全て英語であったりすると多少は日本語の方がおろそかになる可能性も無きにしもあらずといった感じですが, 週に一度ぐらいの割合でしかも一時間足らずのレッスンで日本語がおかしくなるような子どもは今までの経験からいっていませんから, その辺のことはまず心配はないと思って間違いないでしょう。(実際, 既に英語の授業のある私立の小学校で日本語がおかしくなった, という事例が話題になったこともないことからも, 大丈夫といえるでしょう。)

　その時期だからこそできること, これから発達していく様々な感覚 (聴覚, 視覚など) を刺激し育て磨き上げていくこと, をその時期にやらないのは, やはり「もったいない!」ことだと思えるのです。何もあらゆることを子どもの小さな頭に詰め込めというのではありません。ごくごく自然に近い形で, 英語の歌を歌っていたらいつの間にかきれいな発音で単語を覚えちゃったでいいんです。ビデオを見てまねしていたら, 言い回しが言えるようになっちゃったでも構いません。スポンジのように物事を吸収していく子どものすばらしい「感覚」を, ぜひこの時期に磨いて伸ばしてあげてほしいと思います。

　子どもが自分の国の言葉 (母語) 以外の言葉 (第二言語) を習得していく過程を観察した研究は数多くありますが, Long (1990) は, 6歳以前の子どものみが全ての面で第二言語を母語として話す人たちと同等の能力を習得することができると主張しています (小池生夫監修『第二言語習得研究に基づく最新の英語教育』大修館書店, 1994)。また, J. B. Carroll (1975) は, 8か国語で外国語と

してのフランス語指導の国際的な研究の中で，第二言語の熟達を予測する要因中，指導にかける時間が最も重要であることを明らかにしました（島岡　丘監修『第二言語習得の研究』大修館書店，1998）。要するに，第二言語（ここでは英語）を習得するには，6〜8歳以前の早めの時期から始めて，長い年月をかけて指導していくことが何より効果的であるとされているのです。

❈ 質問2 ── 母親の私自身英語に自信がないんですけど……。大丈夫でしょうか？

　幼児が日本語の言葉を覚えていく過程でもおわかりのように，お母さんの影響というのは子どもにとってとても大きく刺激的なものです。一日のほとんどをお母さんと共に過ごしているのでその一挙一動，言葉のすみずみまで子どもは見聞きしているはずです。この母子一体の「早期」の時期こそ，一番コミュニケーションがとりやすく，言葉を覚えていくのに最適な時期なのです。ですから片言でもいい，発音も気にせずに，レッスンで聞いてきた歌の一部やフレーズを一緒に体を動かしながら歌い，お母さんも「英語っておもしろいね！」という気持ちを伝えることが何よりも大切です。講師の指導や短いレッスン内だけではどうしても伝えきれない部分が出てきてしまう場合もあるでしょう。レッスン中のみならずお家でもぜひお子さんたちとスキンシップを取りながら，普段の遊びの中で，数を数えたり色を言ってみたり，簡単な挨拶を言ってみたりするなど，何気なく楽しみを分かち合って頂きたいものです。例えば，お子さんと色とりどりのブロックで遊んでいる時など，

　お母さん：わー，いろんな色があるね。Yellow, yellow, this is yellow. Red, red, this is red.〈ブロックを一つ一つ手にとり見せながらそれぞれの色を言う〉

たくさん同じ色のブロックがあるよ。Where's yellow? Where's red?
〈探している動作をする〉
〈子どもが見つけてくれたら〉May I?（ちょうだい）
子ども：はい。
お母さん：Thank you.じゃあ、yellow はいくつあるか数えてみようか。Let's count! One, two, three.... Good! How many reds? Let's count! One, two....
〈そろそろお片づけの時間〉OK. Clean up time! Pick it up, and put it away.
〈お母さんがおもちゃを拾いながら子どもにも拾うように促す〉All done!

このように、使う英語自体も 2〜3 語の短い文で大丈夫ですし、何

もレッスン時のようにオール・イングリッシュである必要はありませんので，できるだけはっきりとした明瞭な声で折にふれ繰り返し聞かせてあげることが大切です。また口頭で言うだけではなく，「見たり，触れたり」できる物（身近な物でいいんですよ）を用意したり，体でリズムを感じられるような動作（ジャンプしたり，手をたたいたり）を伴うようにしたり，お母さんの見本をたくさん見せてあげることも忘れないで下さい。

　最近では多くのお母さん方が我が子をバイリンガルにすべく日夜子どもたちとお家で奮闘なさっているようで，それはすばらしいことだと思いますし，子どもたちも抜群の英語力がつくかと思われます。お家でお母さんも子どもも無理なく楽しんで英語と接することができるのであれば，そして子どもが「英語大好き！」と思ってくれるようであれば，どんどんやって頂いて結構ですし（そうすると教室に通ってきてくださる人が少なくなるかしら），日本人の英語も飛躍的な進歩を遂げることができるかもしれません。ただ全てのお母さんがそういった自信と余裕を持ってらっしゃるとは限らないので，なかなか難しいことではありますよね。かえってお母さんの中には「私は英語がしゃべれないし，発音も悪いから」といって，ビデオを流しっぱなしにしたりCDをかけっぱなしにする方もいらっしゃるかもしれませんが，せっかく四六時中一緒にいられるこの大切な時期に（今しかないんですよ！）子どもと積極的にコミュニケートしないのは，それこそ絶好のチャンス（英語の耳を育てるという意味で）を逃しているような気がしてなりません。何も「めざせバイリンガル！」と書いたはちまきを頭にまき，子どもを英語漬けの毎日にする必要は全くなく，スポーツやピアノのようなお稽古事として「英語も」という考えであっても，始めるきっかけとして特に問題にはならないと思うのです。お母さんも子どもも肩の力を抜いて，楽しく英語の世界に入っていってくれればそれでいいと

思います。肝心なのはどれだけ母と子がコミュニケーションをとれるかということに尽きると思うのです。日常生活の何気ない会話の中で，そう，"Good morning."と朝起きてから"Good night."と寝るまでの間の様々な場面で母子が交わす言葉を，ほんの少し英語にしてみるだけで随分と違うはずです。遊んだり食事をしたりお母さんと「楽しいね (It's fun!)」「おいしいね (It's yummy!)」と気持ちを分かち合える瞬間を，子どもは何よりもしあわせだと感じているはずですから，そういう瞬間にこそ英語をちょっと使ってみると，感情がより生き生きと伝わると思いますよ。小学校に上がった子どもの場合も，時々宿題を見てあげるような感覚で，15分程度で構わないので，一緒に単語を言ってみたり書いてみたりしてあげるといいでしょう。ビデオやCDなども時々一緒に見て，感想をきいてみたり，言ってみたり，常に子どものやっていることに関心があることを示してあげてください。

❀ 質問3 ── 大人ができない発音を，子どもは簡単に言えるってホント？

日常生活の中で，子どもが大好きなアニメのキャラクターの口真似をしたり，はたまたお母さんの口癖を真似したりするのを聞いたことはありませんか。子どもは本当に真似が上手ですよね。そしてそれを何度でも嫌がらずにすることができます。「質問1」のところでも書いたように，神経回路が発展途上ですから「聞き取れないからまねできない！」や「まねをするのは恥ずかしい」といったことがほとんどありません。何の疑問もなく音として耳から入った英語をスポンジのように吸収し，それを声に出して言うことができるのです。また体の反応も，幼児期は年齢によって指などを使った細かい動きができなかったりする場合もありますが，飛んだり跳ねた

体を動かして英語のリズムを身につける

りリズムをとったりするのが大好きなので，動きと合わせて真似をすることを苦に思わないのです。中学・高校という時期になってしまうと思春期真っ盛りですし，人よりちょっと違ったりまちがったりするとからかいやいじめの対象になりやすいせいか，なるべく目立たないようにする子どもが増え，動作もやはり恥ずかしさが先行してなかなか大きな身振りや手振りができなくなってくるものです。ですから歌ったり体を大きく動かしてこそ身につきやすい英語特有のリズム感がなかなかつきにくく，逆に語尾をはっきり言ってしまう平坦な「ジャパニーズ・イングリッシュ」が身についてしまうのです。またほぼ完成に近い神経回路が初めて耳にする音に対応できなくて，「聞き取れない」「聞き取れないから言えない」とさらに発話することを難しくさせています。スポーツや音楽も，初めはいろいろと真似してみることから始めますよね。それもやはり8歳以前の「感覚的に捉える時期」に始めた方が，より上達が早いはず

です。もちろん英語の構造など「知識としての英語」を習得するのは大人になってからでも決して遅くはないのですが，総合的に見て頭でいろいろ考える大人より，回りのことを全て真似して自然に体で覚えていく子どもの時期の方が，英語を習得していく上でも有利な時期であることはおわかりいただけるでしょう。「感覚」というのは，それほど「強い味方」になってくれるものなのです。

❀ 質問4 ── 子どもの心って英語を受け入れやすいようにできているの？

10歳ぐらいまでの子どもたちは，とても好奇心が旺盛で，今まで知らなかったもの（人，物，言葉）やそれまでと違ったもの（同様）に対しても，初めて接した時の驚きはともかくとして，それがなんだかよくわからないけれどおもしろかったり楽しかったりすると，受け入れ，その違いを意識しなくなる柔軟性を持っています。私は，それは子どもの心が「バリアフリー*」であるからだと考えています。例えば，外国人と初めて接した時でも「わあーこの人，髪の毛も目の色も自分たちと違うし，不思議な言葉をしゃべっている。身振りも大げさだし，顔の表情もクルクル変わる。でも見ておもしろいし，話している言葉もわかったらきっと楽しいだろうな」と思うようなのです。そういう好奇心からまねをすることを覚え，しかも羞恥心や抵抗感なく言葉として発することができるようになります。またわからない言葉や表現を上手に推察する能力も備えているので「あーわからない」と頭で思い拒否するより先にとにかく言ってみる，やってみるという行動で反応します。そんなところから，異なった文化や生活様式を認めて理解していく広く豊かな

---

*ここでは，心に何の偏見もなくバリア（他者を遮断するもの）がないという意味で使う

心が育っていくのだと思います。これが中学生以上の年齢になると，「わあー外（国）人だ！　なんか言ってるけど，わかんないや。逃げよう」という風になりがちです。なぜなら，この頃の年齢の子どもたちは単純な「まねしてみよう」という好奇心よりも「まねして間違えたらどうしよう」という恥ずかしさや「何を言っているかわからない，聞き取れない」不安感，そして異なる物に対する抵抗感の方が大きくなるからなのです。そしてもうこの年齢になると英語は国語や算数と同じ「一教科」としての意味合いが強くなり，「テストで0点をとらないように勉強する」ものとなってしまい，おもしろさや楽しさとはほど遠い存在となってしまいがちなのです。

　小さい子どもたちの心をさらにバリアフリーにさせることができるもう一つの要素は，回りの大人たちの対応です。大人たちが「おもしろいね，楽しいね」という気持ちを表してくれると，なおいっそう心のバリアはなくなっていきます。食べ物の好き嫌いも似ている気がするのですが，例えばお母さんが「トマトはまずいからきらい」と言って子どもに与えずにいると，子どもはトマトがどんな味かもわからないまま，単純に母親がきらいだから自分もきらいということになりやすいですよね。英語も同じです。「英語はわからないからおもしろくない，きらい」と親が思いせっかくの好機を逃しているならば，本来言葉がもっているおもしろさに子どもは触れることなく「英語ってつまらないものなんだ。だからきらい」という傾向になりやすいのです。親も一緒になって興味を示し，一緒になって楽しむことができる環境が，何より大切なのです。

✻ 質問5 —— 本当に遊びながら覚えられるの？

　私たち大人から見ると，子どもというものは遊ぶために生まれて

きた生き物のようで、とにかく体を使って動くことがまるで使命でもあるかのように、熱心に遊びますよね。何がそんなにおもしろいの、と思うようなことでも何度でも繰り返し飽きずにします。この「おもしろければ何度でも繰り返す」子どもの特性は、英語を教えるのにとても役立つのです。幼児ですと集中力はせいぜい20分ぐらいですから、たくさんの歌や遊びを取り入れて集中力を持続させる工夫が必要ですが、毎回同じ曲や絵本を聞かせても多少の好き嫌いは別にして、いつも興味津々といった感じで無条件に反応してくれます。またこの時期においては、何かを無理に覚えさせたり言わせたりすることを目的とせず、とにかく飛んだり跳ねたり走り回ったり、歌を歌ったりする「遊び」を通して、英語のリズム感を習得していくことが何より効果的であり大切であると思います。

小学生以上になると、学校での生活に慣れているので机にすわって「お勉強」っぽく学習するのもさほど苦ではないようですが、や

チャンツカードを使った活動

はりカードなどを使って遊ぶのを心待ちにしています。それも単純で早い展開のゲームは，何十回と飽きずに繰り返します。その時に覚えてもらいたいフレーズや単語をうまく使ってゲームを進行させると「楽しい」と思う気持ちが定着します。ただ注意しなければいけないのは，「ゲームをするのが楽しい」のはもちろん悪いことではないのですが，本来の目的である「英語を使うのが楽しい」という感覚が薄れてしまう場合があることです。それでは何のためにわざわざ英語を使ってやっているのかわからなくなってしまいます。

　子どもというものは，やはり先生や親にほめられるのは嬉しいことだと思っていますが，仲間同士で競い合い「勝つ」ことも非常に好きです。その「勝ちたい」意識をゲームという形で少しだけくすぐると，単語を誰よりも早く多く聞き取ろうとしたり，出された質問に対して必死になって正しい答えを導き出そうとしたり，集中度が120％になるんですね。その結果，先生にほめられたり，ご褒美のスタンプが押してもらえたり，「勝てた」ということが「自信」につながることもあります。この自信を大事にしつつ，本当の目的は「ほめられる」ことや「何かをもらう」ことではなく「このフレーズ（または単語）を使って正しく相手に言えば，ほしい情報（物）が得られて，目的（物を買ったり，行きたい所へ行けたりなど）を達成することができるかもしれない」ということであると理解させることが大切です。すなわち，「この状況ではこんなフレーズ（または単語）を使えば，意思の疎通ができてコミュニケーションの目的を達することができる」という認識にまで発展させることができるでしょう。年齢とともに，子どもたち側の意識も変化していきますので，彼らの成長振りを観察しながら明確な目的をもった「遊び」を教えていくことが大切なのです。

　もちろん中学・高校の英語の授業の中で「遊び的要素」を取り入れるのは可能ですし，実際に積極的にゲームなど導入している学校

などもありますが，どうしても頭で考えながら動いてしまうので反応も小学生以下の児童に比べると遅くなりがちですし，やはり照れてしまう部分，冷めてみている部分が「英語って楽しい」と感じることから遠ざけているような気がします。

　「好きこそものの上手なれ」とはよくいったもので，好きで楽しかったら人は一生懸命やりますよね。英語を好きになってもらうには，好きにさせてしまうには，やっぱり楽しい方法でないとうまくいかないですよね。みなさんだって覚えがあるでしょう，教科書を机の上に立ててオウムのように先生の "Repeat after me." で一斉に読んだこと，順番に「はい，これ訳して」と当てられてたまたま自分が単語を調べてなくてうまく訳せなかったこと，あるいは，「～詞」だとか「～用法」だとか黒板にたくさん書いてあるのを必死でノートに書き写したこと。それらは楽しかったですか。「英語っておもしろい！」って思えましたか。中には英文をまるで解剖するかのように細かく分析するのが好きだった人もいるかもしれませんが，恐らく大半の方はあくびを必死でかみ殺していたか，頭の中を？マークが飛び交っていたことでしょう。ただひたすら「試験のために」英語をやらざるをえなかった日々。でももうちょっとまじめにやっておけばよかったかなあって後悔する今。でもそれは何もみなさんのせいだけではなかったはずです。英語ってそれだけ「おもしろくないもの」として「おもしろくなく」教えられていた部分が多いのですから，仕方がなかったのかもしれません。やはり楽しく遊びながら覚えられる「早期」に英語に触れることが一番効果的ではないかと思います。

❋ 質問6 ── 子どもには明確な動機付けはいらないのかしら？

中学・高校以降になりますと，誰でも必ず「なぜ英語はやらなくちゃいけないのだろう」という疑問を一度は抱くことと思います。教科として既にそこにある英語は，自分の好き嫌いとは関係なく無視して過ごすことはできない存在となっています。その時，この疑問を越えて「テストで満点をとるため」に一生懸命勉強する生徒や「好きな海外のアーティストが歌う歌詞の内容が知りたい」ために単語を調べたりする生徒，あるいは「将来は海外で働きたい」「いい大学に入っていい職業につき，いい暮らしがしたい」などいろいろな動機により，英語への取り組み方が変わってきます。どの動機がより上達を早めるかとなると，答えは大変難しいのですが，少なくとも「英語」そのものを目的とするよりも「英語が使えることに

よって達成できる目的」があった生徒の方が，意欲を持続させやすいのではないかと思っています。

それでは，幼児もしくは小学生はどうでしょう。もちろん幼児の中にも，早くから感覚的に「英語なんてきらい！」と思う子もいるかもしれませんが，これはやはり回りの大人たちの影響が大きいと思われます。お母さん方の思惑は恐らく「これからは英語ぐらいできないと」や「いい発音はやはり小さい頃でないと身に付かない」，あるいは「自分が英語で苦労したので子どもにはそんな思いはさせたくない」等，様々だと思います。目的はどうであれ，要は英語という未知の世界に触れさせてあげる「きっかけ」作りが大切なのです。そのきっかけが子どもに無理がなくしかも楽しさを味わわせてくれるものであれば，子どもは感覚的に「英語っておもしろい。だからもっと使ってみたい，わかりたい」という気持ちを持つようになるはずです。幼児や小学生の中に「僕は将来外交官になるために今英語を勉強している」なんて思っている子どもは恐らくいないでしょう。（たまに「官僚になる」という強者小学生もいるようですが……。）言葉のもつおもしろさ，背景にいる人間，そして文化への興味へと理解の幅を広げようとしていく中で，例えば「大工さん」になりたいと思っていた男の子が「外国へ行っていろんな建物を見て勉強してみたい」と思うようになることもあるでしょう。また，「花屋さん」になりたいと思っている女の子が「本場イギリスのガーデニングの勉強をしてみたい」と思ったり，「パン屋さん」になりたいと思っている子が「インターネットで世界中のパンのことを調べてみたい」と思うこともあるでしょう。そうなれば，英語が「教科」としてではなく生活に身近な「言葉」であり，「コミュニケーションの手段」であるという意識が子どもたちの心に芽生えるのです。

「なぜ英語を勉強しなくちゃいけないのか」という疑問が子ども

たちの心に湧く前に、「ほら、こんないいものが世の中にあるんだよ。おもしろいからやってごらん。きっと素晴らしいことが待っているよ」とポンと目の前に出してあげればいいのです。そしてその提示の仕方が子どもが好きになってくれることを前提とした「遊び」が十分に盛り込まれていること、そして何よりも与える大人たちが英語の魅力を十分わかっていて臆することなくその魅力を提示することが大切です。(例えば、表情一つとってみても、喜怒哀楽をはっきり表現しながらお話したり、絵本を読み聞かせてあげる。あるいは一緒になって歌ったり跳んだりはねたり童心に返る。また少し上のお子さんには、「英語ができたらあんなこともこんなこともできるよ」といった数々の夢を語ってあげるなど。) そうすることによって、子どもたちは明確な動機を必要とすることなく、意欲的に積極的に知らず知らずのうちに英語に親しんでいってくれるでしょう。そしてその結果、子どもがこれから歩む人生の選択の幅が

「表情」も「表現」の一つ

随分と広がっていくはずなのです。

✻ 質問7 ── そもそも英語を習う意味って何？

英語にいい思い出のなかった大人たちは，たいがいこの質問を投げかけてきます。英語はそれほど私たちの生活に必要不可欠なものなのでしょうか。

「普段の生活の中で，英語と接することなんて学校や職場以外ではほとんどないから習っても意味がないんじゃない？」
といった声をよく聞きます。

では，一生英語と接することなく過ごすことなどありえるのでしょうか。中学・高校で英語が教科として存在しなかったら，大学入試で英語がなかったら，仕事でも（特定の職業を指摘すると意見が分かれますので控えます）まったく使う必要がなかったら……。しかし現実はどうでしょう。たとえ学校の授業や大学入試で英語がなかったとしても，「文化」としての英語は身の回りにたくさんあります。言うまでもなくカタカナで表される外来語（カメラ，コピー，デート，ジーンズ，サッカー，などなど）は，発音や省略されている部分で多少違いますが，もとは英語そのものですし，それをわざわざ日本語に置き換えて言う人はまずいないですよね。

「昨日飲食店で食べた牛肉焼き，半生焼きにしてもらったんだけど，とてもおいしかった。一緒に飲んだ麦酒もよく冷えてたし，食後のおやつも最高だったね。結構値段ははったけど信用状で特別賞与払いにしておいたから大丈夫！」
なんてことになっちゃいます。

すっかり日本にとけ込んでいる様々な外資系企業もブランド名や製品名に英語を多用します。洋画なども字幕スーパーや吹き替えがありますが，多くの人は出演している俳優さんや言葉の持つ雰囲気

を感じるために吹き替えよりも字幕スーパーを好みますので，音としての英語は否応なく耳に入ってきます。音といえば「音楽」，海外で人気のあるアーティストたちはほとんどの歌を英語で歌っています。最近は日本人アーティストたちも，グループ名にやたらと「英語ちっく」な名前をつけたり，歌詞にもふんだんに英語を入れたりして，かなり英語を意識しています。それから，もちろん英語圏の人たちばかりではありませんが街で見かける外国人の数が，都会だけでなく地方でも多くなりましたよね。もしかするとお隣に越してくることがあるかもしれませんし，職場で一緒になるかもしれません。学校に編入してくるかもしれませんし，街で声をかけられるかもしれません。インターネットの世界でも，仕事上でなくても娯楽で見る海外の魅力的なホームページはやっぱり英語がメインですよね。こう考えてみると，日本にいながら衣食住どんな場面においても英語と接しないことはあり得ないんですよね。でもそれでも英語は必要不可欠なものではありません。わからなくても話せなくても，生きていくことになんの差し障りもないでしょう。だとしたら何のために英語は必要なのでしょう。

　それは，「より豊かな生活を送るため」だと私は思っています。この地球上に日本以外の国の人が何十億人もいます。肌の色も，着ている服も，生活習慣もそして言葉も異なる人々がこんなに大勢いると考えるだけで，私はワクワクします。彼らは何を考え，どう生活しているのか，日本をそして私たち日本人をどう思っているのか，愛について人生について何を思っているのか……。熱心な方ならその国の言葉（英語圏以外の国でも）をマスターしようと努力するでしょうし，海外滞在経験が何度もある方は器用にも何か国語も操れるかもしれません。それは大変素晴らしいことですし，うらやましいことですが，残念ながら多くの人はそうはいきません。だとしたら……せめて英語だけでも……というのは消極的な意見に聞こ

えるかもしれませんが，英語一つとってみても世界はぐーんと今より広くなるのです。自分の狭かった視野が一気に広がるのです。人と接すること，気持ちをわかり合おうとすること（外国人だけでなく同じ日本人に対しても）がなによりも楽しくなります。たった一つ，英語がわかる，話せるということだけで，日本語オンリーだった世界がなんだかちっぽけなものに思えてくるのです。こんなにも世界が身近に感じられるなんて！　経験者が語るのですから間違いはないですよ！

　確かに「豊かさ」は人によって様々です。りっぱな職業をもち，地位も名誉も財産も手に入れられ何不自由ない生活ができる経済的な豊かさこそ本当の「豊かさ」だと思っている人も大勢いるでしょう。あるいは生活は決して楽ではないけれど，大勢の子どもたちに囲まれてにぎやかな毎日を送ることができる家族的豊かさが一番だと思っている人もいるかもしれません。また，空気も水もきれいな場所に住み，食べる物すべてが自給自足，趣味を生かした仕事でひっそりと静かに暮らす環境的豊かさを求める人など，人々が「豊かさ」に求めるものは千差万別です。私がここでいう「豊かさ」とはもっと内面的なもの，つまり「心の豊かさ」です。ある特定の地域で，ある特定の人間としか接することをせず，世の中の何でもお金で買えると思って生きている人がいたとしたら，なんて「世界の狭い，心の貧しい人」だろうと思います。人間は生まれてから死ぬまでどれほど多くの人と出会い別れていくでしょう。旅先で出会った人が明日の友になるかもしれません。何気なく言葉を交わした相手が，愛する人になるかもしれません。様々な場所で巡り合った人たちとの係わり合いの中で言葉は磨かれ，気持ちが通い合うことで心はより大きく成長すると思います。これから子どもたちが出会う人々は，日本人だけとは限らないでしょう。目にするものは，日本独特のものでないかもしれません。そんな時，可能性をたくさん秘

めた子どもたちの心が，今よりもっと豊かで明るく希望に満ちたものになるための，ワクワク・ドキドキするような世界へ導いてくれるためのマイルストーンの一つになってくれるのが，まさしく「英語」だと信じています。

第2章
私と英語と音楽

❈ 父が与えてくれたもの

　私は，1964年7月7日，父の赴任先である広島で生まれました。ちょうど七夕の日でしたので，織り姫の「織」をとって「佐織」と名付けようと思ったらしいのですが，その頃近所に「理恵ちゃん」というかわいらしいお嬢さんがいたので，その子に似たような名前でしかもアメリカに行っても呼ばれやすい「理佐」という名前にしたそうです（すでに父はアメリカで働くことを視野に入れていたようです）。

　当時父は，あるオプティカル・メーカーのセールスエンジニアをしており，将来は海外営業部に所属し海外で仕事をしてみたいという夢があったそうです。そしてその夢が叶い，4年後にはアメリカのニューヨークに赴任し，その9ヶ月後に私と母が渡米しました。私と英語との関わりは，この海外赴任が決まった頃から始まるのですが，そのお話を書く前に私と英語との関わりに大きな影響を与えてくれた「父」と「英語」について少し書いてみたいと思います。

　父は，現在私の実家がある長野県伊那市で生まれ育ちました。ここは，中央アルプスの裾野にある人口6万4千人程の小さな市で，市の中心を天竜川が流れており，水と空気の澄んだ静かな所です。父は，学業・スポーツともに青春を分かち合い，今でも交流のある，穏やかなお人柄の関口さんと大学の受験勉強をしていた頃，やはり英語を勉強するにはネイティブの方から学んだ方がいいと思い，1952年当時，この小さな町に"TEAM (The Evangelical Alliance Mission)"の宣教師としていらしていたMildred Swift（ミルドレッド・スウィフト）さんとPhyllis Chamberlain（フィリス・チェンバレン）さんというアメリカ人の女性二人の元へ行き英語のバイブル（聖書）クラスで英語を学びました。Swiftさんはあだ名が"Shorty（おちびちゃん）"とついている程小柄でポッ

前列：左からチェンバレンさん，スウィフトさん　後列右：父

チャリした方で，片や Chamberlain さんは対照的に背が高くとてもほっそりとしており，私も高校の時に父に連れられお二人にお会いしたことがありますが，大変穏やかな優しい方たちだったのを覚えています。当時父にとって英語は新しい知識と驚きを与えてくれるものであり，聖書は全世界で対訳されているので，とても理解しやすいものだったようです。また，キリストの教えに基づくアメリカの思想や奉仕の精神を理解する上でも，後々とても役に立ったそうです。同じ頃 NHK ラジオで放送されていた松本亨先生（コロンビア大学教育学博士，後に明治学院大学英文科教授）の英語講座をよく聞き，この先生のお話の中に出てきた文部省認可国際教育機関の"AFS（エイ・エフ・エス）"に非常に興味をもち，当時自分も留学生としてアメリカに行ってみたいと思ったそうです。実は，その29年後に私がこの AFS の交換留学生として1年間アメリカへ留学することになるのですが，その話は後で詳しくお話しましょ

う。

　父は高校卒業後，2部の大学へ行くつもりで勉強をする傍ら，地元のメーカーに就職，東京・大阪・広島と転勤し商売のおもしろさを先輩である上司から教わっていくうちに次第に大学への夢も薄れていきました。しかしその間も，英語への興味は失わず英会話学校などには通っていたそうです。東京に転勤になり，海外の代理店の方たちに光学の技術などを英語で教えていた関係から，晴れて海外転勤となりました（前述した親友の関口さんも同じ会社で同時期にインドに駐在）。向こうでの準備などのため，父は私たち家族より9ヶ月早く渡米しました。その間私は，青山学院大学に通う近所の学生響子さんに週に1度英語を教わるようになりました。ちょうど4歳になった頃でした。

❄ 記憶の中の歌

　私は，英語を習う前からある音楽教室（残念ながら今の教室ではありませんでした！）でオルガンを習っており，歌ったり演奏したりするのが大好きでした。練習はよくさぼっていましたので，母に「練習しないのならやめなさい！」と怒られ，泣きながら弾いていたのをおぼろげながら覚えています。英語教室（前述した響子さんの所）では，マザーグースを始めとする英語の歌や単語をたくさん覚えました。特に鮮明に覚えているのが"Eency-weency spider"の歌で，歌いながらの手遊び（右手の人差し指と左手の親指，右手の親指と左手の人差し指をそれぞれ交互にくっつけたり離したりして上に上っていく感じの遊び）が大変おもしろく，現在，4～6歳児2年目のコースにも出てくる歌なのですが，教えていると当時の自分の楽しそうな姿が目に浮かんできます。また，"Ten Little Indian (Children)"の歌も"One, two..."と指で数えながら遊ぶの

がとても気に入っていました。きっと私の中では「英語の歌を覚えている」という意識よりも，指遊びなどの「遊び」の部分がとても楽しくてそれが強烈な印象として残っており，付随した歌がたまたま英語だったという感じだと思います。これら「マザーグースの歌」は日本のわらべ唄や童謡にも共通する部分が多く，日本でも指遊びをしたり鞠をつきながら歌ったりするわらべ唄が現在でも数多く残っているのは，それらがすべて「遊び」と直結して「楽しい」と感じた子どもたちによって歌い継がれてきたからではないかと思います。子どもという生き物は「遊びをせんとや生まれけむ。戯れせんとや生まれけむ。遊ぶ子どもの声聞けば，我が身さへこそ動かるれ」（『梁塵秘抄』）と言われるように「遊ぶ」ためにこの世に生まれてきたようなものですから，日本語にしろ英語にしろ「歌って，踊って，遊んで」を自然に繰り返すうちに，知らないうちに身についていくものなのではないでしょうか。ただ現代の子どもたちは，おばあちゃんやお母さんに教えてもらった歌よりも，子ども向け番組などで流れた歌と画像が印象に残ることの方が多いらしく，残念なことに日本の伝統的な童謡やわらべ唄を口ずさんだり遊びに取り入れている子どもは，最近ではめっきり少なくなってきているようですね。私が現在教えている子どもたちも，私と同じように30年たってもこれらの英語の歌を覚えていてくれるでしょうか。

❈ ヤンキー娘ができあがるまで

ニューヨークでは，今でこそめっきり日本人が少なくなってしまいましたが当時は日本人駐在員の家族が大勢住んでいたQueens（クイーンズ）区Rego Park（レゴ・パーク）のアパートメント街に住むことになりました。Queensはマンハッタンの東に位置し，その名前は英国王チャールズ2世の妻キャサリンに由来してい

住んでいたアパートメント街を訪ねて（大学生時代）

ると言われています。ケネディ空港とラ・ガーディア空港の2つの空港があり，5区の中では一番広い面積を持っています。広大なFlushing Meadow Corona Park（フラッシング・メドウ・コロナ公園）内には，美術館・博物館・スポーツ施設が充実しており，北側にはメジャーリーグのNew York Mets（メッツ），そしてフットボールのNew York Jets（ジェッツ）の本拠地であるShea Stadium（シェア・スタジアム）があります。また，近くには全米オープンが行われるNational Tennis Centerもあり，休日ともなると大勢の人が訪れる所です。

　5歳の私は，母に手を引かれ自分の背丈ほどもある大きな白い熊のぬいぐるみを抱きかかえながら空港に降り立ち，迎えにきていた父と9ヶ月ぶりに再会しました。9ヶ月だけとはいえ母と二人きりの生活にすっかり慣れていた私には，父は遠い存在に感じられ，再会した喜びよりも「なんとなくこの人のことは覚えているけど……。」といった違和感やぎこちなさを強く感じました。アパート

の広いお部屋に通された時もよっぽど緊張していたのか慣れなかったのか、窓を開けてくれた父に対して「あのー、おじさん……。窓しめて！」と、とっさに「おじさん」呼ばわりしていたのをよく覚えています。それを横で聞いていた母に「理佐、おじさんじゃないでしょ。パパでしょ。」と怒られ、父もまた9ヶ月ぶりに会った我が子に「他人扱い」されて相当ショックを受けたと思います。父はでもその時は苦笑いをしただけで、その場をやり過ごし、私も2〜3日後にはようやく久しぶりの親子3人という形態になじんでいったようです。

　私たちは1月に渡米し、私は地元の小学校P.S.13（Public School 13（番））の中にある幼稚園（kindergarten、しかも無料）に編入しました。4月からは土曜日のみ国語を勉強するため日本語学校に通いました。初めて母に連れられて幼稚園に行った日、私はみんなの前で紹介された時にあまりの緊張とカルチャーショックの

当時の私と家族・響子先生

ため，教室の中でなんともどしてしまうという失態を犯してしまいました！（まだその頃は，今の私からは想像もつかないぐらい，シャイで人見知りをする子だったのですよ……うそみたい？！）その日はそのまま帰ったのですが，それ以降何事もなかったように元気に幼稚園に通っていたそうです。徐々にクラスにも慣れ，私はMike（マイク）というイタリア系のハンサムボーイがとても気になるようになりました。彼は，幼稚園生ながら流行の裾広のパンタロンと白いシャツがとても似合っており，少しウェーブの入った長めの天然パーマがキュートな顔立ちを際立たせていました。当時幼稚園生は校舎を移動する際，クラスのお友達と二人で手をつないで歩くことになっており，私はどうしてもMikeと手をつなぎたくてわざと近くに行ったりしたのですが，どうやらMikeには好きな女の子がいたらしく，ちょっとコケティッシュな金髪の少女といつも仲良く手をつないでいましたので，私の淡い初恋は片思いのまま終わってしまいました。

　私が英語を身につけていく過程で，とても大きな影響を受けたのが「テレビ」と「コミック（漫画）」でした。現在日本でもNHK教育で放映されている『セサミストリート』は，ちょうど私が渡米した年に放映が開始された長寿番組で，私は毎週日曜の朝，まだ両親が寝ている間にベッドを抜け出し大きなリビングルームのソファを占領してテレビにかぶりつくようにしてこの番組を楽しんだものです。親はいまだに私が「近眼」になったのは，この時のテレビを見る姿勢が悪かったせいだと思っているらしいのですが，ともあれ，この番組は，とてもためになる番組でした。いろいろな人種の子どもたちと個性豊かなモンスターたちが「セサミストリート」と呼ばれる架空の通りで，遊んだりケンカをしたりしながらお互いに成長していくという話がメインとなっており，アルファベットや数字や色などがカラフルな画面と歌で覚えられるという教育的側面も

持つ番組です。私にとってはtutor（家庭教師）のような存在で，あの番組で覚えた単語や歌は数限りなくあります。Big Bird や Cookie Monster などモンスターたちの名前はほとんど覚えていますし，"Can you tell me how to get, how to get to Sesami Street?" のテーマソングも耳にしっかりと残っています。また彼らの性格が見栄っぱりだったり，お調子者だったり，ひねくれ者だったりと，ごく身近にいる人間とそっくりで，それがまたこの番組が多くの人々の共感を得て，長い間愛されてきた理由の一つだと思います。

1999年，日本でも番組の30周年記念イベントがあり，初代 Big Bird や当時の番組の録画を見ることができました。本当につい昨日見たように不思議なくらい鮮明に思い出せる程，幼少の私に印象深く残っていたようで，当時のニューヨークでの生活と共にまざまざと思い出され懐かしさで胸が一杯になりました。この他にも，1999年に絶筆となってしまったあの愛らしいビーグル犬「スヌーピー」で有名な "Peanuts" も同様に（こちらの方は4コマ漫画の英語がちょっと難しかった記憶があるのですが）私にとっては英語のおもしろさを教えてくれた旧友のような存在となって今も心に残っていますし，親の目を盗んで読んでいた劇画タッチの "Super Man" や "Spider Man" も（これらはいずれももっと年齢が上の teen 向けに描かれたコミックでしたので，小学校低学年の私が読むことに両親は難色を示したものです）英語が難しいわりには，楽しんで読んでいたのを覚えています。

✻ "カラフル" な毎日

9月からは1年生に進級，Mrs. Mantany（マンターニー）というイタリア系の恰幅のいい担任の女の先生はいつも大きな笑顔でこ

の小さな日本人の女の子を包んでくれました。クラスには雪子ちゃんと純子ちゃんいう日本人の女の子が二人おりましたが，日本人だから日本人とだけ遊ぶということは全くなく，いろいろな人種の子どもたちと分け隔てなくすぐに仲良く遊ぶようになりました。

"Salad Bowl"と言われるぐらいニューヨークは様々な人種のるつぼですが，White（白人），Black（黒人）そしてYellow（黄色人）と肌の色でグループ分けされているようなところがあり，Yellowの部類に入れられる東洋人はChineseもKoreanもJapaneseもみーんな一緒くたにされていました。ただし，White, Blackの彼らによれば，東洋人は，あえて見分けをつけるとするならば，多少目の形と向きが違うところがあるらしく，それをからかった歌をよく聴かされたものです。

Vanessa（ヴァネッサ）という背が高い黒人の女の子は，最初の頃は英語を片言でしか話せない私をからかっていましたが，私も徐々に会話ができるようになっていったのでしょう，姉御のように彼女を慕ってよく面倒をみてもらうようになりました。放課後に，よく校庭の外にアイスキャンディー屋さんが車でやってきたのですが，Vanessaは少ないお小遣いの中から私にアイスキャンディーを何回か買ってくれたりもしました。後から勘定すると実際は私がおごってあげた回数の方がどうやら多かったようですが……。それにしても，なぜアメリカのお菓子類はあんなにも色鮮やかでものすごーく甘〜い物が多いのでしょうねえ。舌の色が真っ青になったり真っ黄色になったり（まるでカメレオン）しますし，一口食べたただけで「もういいや」という甘さとその大きさ（多さ）といったらI can't believe it! 家庭用アイスクリームなんかバケツ（！）のような容器に入って売られているんですから，あの国におデブちゃんが多いのもうなずけますよ，はい。後に私もご多分にもれず，まんまるになって帰国する羽目になるのですが……。

おちゃめでそばかすが一杯のGarry（ギャリー）少年は，大柄でショートヘアーのKaren（カレン）といつも一緒にくっついていましたが，とても物知りで話題が豊富な少年でした。中国人のAlbert（アルバート）少年は，元気がよくいつも笑わせてくれていました。私も2年生になった時はもうすっかり「現地の子ども」となって遊んだりけんかしたりしていました。担任のMrs. Kay（ケイ）は，長身で当時流行っていたヒッピー風の腰まである長いロングヘアーで，黒のミニスカート，黒のブーツ，サングラスと超かっこいい先生でしたが，なんせ私はおてんば娘でしたのでこの若い先生に目を付けられていたようです。通知表には「Lisaは時々セルフ・コントロール（自制心）をなくすようだ」と注意書きされていましたので，よっぽど「じゃじゃ馬」だったのでしょうね（おかしいなあ。自分では普通の女の子だと思っていたんですけどね。でも私の「アグレッシブ&猪突猛進型パーソナリティ」はこの頃形

Teacher Comments
Period 1 Risa is usually bright and attentive. At times she loses her self-control and talks, when it would be most beneficial to listen.
Period 2 Risa is a creative child. Her verbalization and written work, shows much thought. However, Risa still has a problem in self-control.
Period 3 Have a wonderful summer!

2年生時の通知表（...loses her self-control...とある）

成され始めていたのが通知表を見返してみてよくわかりました！）。アメリカの小学校ではよく"Show and Tell"といってホームルームの時間に5分程度クラスの前で自分の宝物について話をする時間があるのですが，私も日本から持ってきた扇子やらをみんなに見せた記憶があります。学芸会らしきものも行われ，私のクラスは"Mr. Wallaby's Toy Shop"（ミスターワラビーのおもちゃ屋さん）というミュージカルを上演したのですが，私はその中でかわいい"Oriental Doll"（東洋の人形）の役をもらい，振袖を着て例の扇子を持って「さくら，さくら」を踊り，晴れて「ミュージカルデビュー」を果たしました。当初先生の振り付けは，扇子を振りながらお辞儀をする（典型的な日本人の姿といわれるそのもの）踊りだったのですが，母も私も「ダッサー！」と気に入らず，全く舞踊など習ったことのない母でしたが，それらしく（実は今思えば盆踊りを少しスローにした感じだった）振り付けをしてくれたので，観客からは"Beautiful!""So cute!"と拍手喝采で得意満面だったのをよく覚えています。

　その他にも，私がクラスメイトの許可を得ずに勝手に消しゴムを使って盗んだとその子が先生に言いつけ，私の両親が学校まで呼ばれた「消しゴム盗難事件」（ちょっと拝借しただけなのに……）など騒々しい1年を送りました。なかでも2年の途中で転校してきた韓国人の女の子ジェイ・シェンのことは，今でもよく思い出します。肩まであるまっすぐな黒髪を真ん中でわけ，いつも物静かだった彼女もやはりアメリカに来たばかりでしたので片言の英語しか話せなかったのですが，同じアジア人同士何か通じるものがあったのでしょう，すぐに仲良くなりました。クラスの「整頓委員」が彼女の番に回ってきた時など，ちゃんと整頓できている人には"Gold Star"のステッカーを教室に張り出されている名前の横にいくつか貼ってくれるのですが，私のことはいつもひいきしてくれてたくさ

"Salad Bowl"（筆者（小学3年生）：前列左から5人め　Vanessa：中列中央　後に大学でも同級生になる中尾さん：中列右から3人め）

んの"Gold Star"を貼ってくれました。彼女の家に遊びに行った時に彼女のお母さんと会ったのですが，日本語が達者だったことに驚き不思議に思ったものでした。後で父に，日本が韓国の方々に対してしてきたことを聞かされ，なんだか悲しい歴史を垣間見た気がしました。その後，彼女はまたひっそりとどこかへ転校して行ってしまいました。

　私のクラスには，それこそいろんな人種の子どもがいて，彼らのバックグラウンドはまさに多彩でした。中国，韓国，インド，メキシコ，スペイン，オランダ，ドイツ，イギリス，etc。髪，目，肌の色も様々で，私は彼（女）らの，きれいなブロンドの髪にあこがれたり，ブルーの瞳がうらやましかったり，小学生なのに妙に色気のある黒目がちの大きな目にドキドキしたり，今思えばとても"カラフル"な毎日を送っていました。私の心には何の偏見も差別心もなく，また逆にそういう悲しい目にも遭ったことがなかったので，外見の違いを除いてクラスメートとの違いをはっきり意識したことはありませんでした。両親からも「どこそこの人種の人たちは，あーだこーだ」といううわさも聞いたこともなかったので，「同じ人間」である彼（女）らと「普通のクラスメート」として接することができたのだと思います。しかし，残念なことに，今の日本では情報過多のせいでしょうか，ある特定の国の人たちがある問題を起こすと，その国の人たち全てが悪者であるように見られ，それを子どもの前で平気で口に出して言ってしまう大人たちが多いのが見受けられます。それは実に悲しく残酷なことです。何も知らない子どもたちは，大人の言ったことを真に受け，「〜人は……だから嫌い」といったことを何の抵抗もなく言うのを聞くと，とても胸が痛みます。小さい頃から自分の国以外の人たちと接する機会が少なかったからと思えばしかたがないことなのでしょうが，これからますます「国際化」する日本で，つまらないうわさで他国の人を「こうだ。」

と決めつけてしまうような風潮は改めなくてはいけないと思います。また，小学校で行われる「総合的な学習の時間」では異文化への理解という視点で，子どもたちに，アジア諸国を始めとする身近な国や人々の生活を正確に伝え，偏見と差別のない豊かな「心の教育」をして頂きたいと願っています。

※ 英語的人格の形成期

さて，この頃になると，母とは日本語で，父とは英語と日本語の両方で話すようになっていました。父は仕事柄英語で物事を考える方が簡単だったらしく，私も英語の方が楽でしたので，両方を使い分けていたようです。ただ，1年の頃は，まだ読み書きができなかったので宿題はよく父に手伝ってもらっていました。しかし，渡米する前から「耳からの英語」をたっぷりインプットされていましたので，特についていけないだとか困ったことはなかったようです。

私は，一人っ子のせいかお人形やぬいぐるみが好きでよく出掛ける時に一緒に持っていくことがあったのですが，その中でも特にお気に入りだったのがリスのCindy（シンディ）とあざらしのWally（ウォーリー）でした。手のひらに乗るぐらいの小さなお人形でしたが，どこへ行くにも一緒で，彼らの「テーマソング」を作ってよく歌っていました。"Cindy, the little squirrel..."と"Wally, Wally..."から始まる歌でしたが，今考えると，よくクリスマスに歌われる"Frosty, the Snowman"の出だしと曲調が似ていたような気がするので，きっと無意識に真似をしていたんだと思います。親は，得意げに歌う私を見て「この子は作詞・作曲もできるのね」と感心していたかも……（期待させてごめんなさい！）。

毎年夏休みにはニューヨーク郊外のNassau County（ナッ

Cindy & Wally

ソー・カウンティ）の近くで，Creative Day Camp というサマースクールに1ヶ月通っていました。揃いもそろってみんなロングヘアーの迫力ある大学生のお姉さんたちがリーダーになって，私たちに乗馬だとか工作だとかをいろいろ教えてくれましたが，なにしろこのお姉さまたちが怖かったので，このキャンプにはあまりいい思い出がありませんでした。

　毎週土曜日には，同じ小学校の教室を借りて日本語学校が開かれていました。私は，国語のみ習っていましたが，教科書をみんなの前で読むのがとても好きでした。この教科書は，日本の多くの小学校で使用されているもので，特に海外居住児童向けというものではありませんでした。しかし，休み時間になると，たちまち American kid に戻り，みんなで英語で遊んでいたのを覚えています。もういっぱしの「バイリンガル」ならぬ「バイリンギャル」になっていたんですね。またこの日本語学校の通知表でも「大変人望が

サマースクール（著者：前列一番右）

あって結構ですが，級長をしているせいか，他のクラスメートを頭から押さえようとする所があるのが気になります。」と書かれており，「私って小学2年生ながらひどい独裁者ぶりを発揮していた末恐ろしい子どもだったのかしら」と自分のことながら（それもそんな記憶など一切なく）「大人にとってはイヤーなガキだったのね」とひたすら反省するばかり。この本を書くにあたり，昔の自分をこうして振り返る機会を得て，今持っているクラスに多少生意気でやんちゃな子どもがいても「私も実はそうだったんだよねえ。ガミガミ言わずに暖かく見守っていってあげようじゃあないの！」と思えるようになったのですから，とてもよかったと思います。

　3年生に進級した同じクラスに，不思議な縁ですがその23年後に私が現在の講師となるきっかけを作ってくれた中尾典子さんがいました。彼女はとてもおしとやかなおとなしい女の子でしたが，日本語学校も同じだったせいもあって親同士もとても仲が良く，たび

第2章　私と英語と音楽　41

たびお互いの家を行き来していました。私は3年生を終えて日本に帰国し、彼女もほどなく日本に戻ってきました。

✻ バイリンギャルよっ！ 文句ある？

　日本では埼玉県草加市立草加小学校へ編入し、3年生の2学期より学校生活をスタートさせました。ここからが私の帰国子女としての「苦難(!?)の道」の始まりです。まず、学校には黄色い帽子をかぶりランドセルを背負って行かなくてはならないのがイヤで、なぜみんな同じような格好をして行かなくちゃならないのか不思議でなりませんでした。それでも一人だけ違う帽子をかぶったり鞄を持っていったりして浮いてしまうのを恐れたのか、校則違反をするところまでは反発することはしませんでしたが……。授業中も、分からないことがあるとすぐに「先生、それどういう意味？」と授業を中断させて聞く私に、先生もクラスの子たちもいやーな顔をたびたびしていました。簡単な日本語や2字以上の熟語が分からなかったり、音読み訓読みの読み方をたびたび間違えたりして（こと熟語に関してはお恥ずかしいことに今でも苦手でして、さらに輪をかけて漢字が書けなくなったのはまあ「ワープロソフト」の利用が多くなったということを言い訳にして……）よく「ニューヨークばか」といじめられたりもしましたね。例えば、私は「太陽」という言葉が言えず「おひさま」と言っていたのですが、それを聞いていたクラスメートは私が頭の良くない「おばかさん」に思え、しかも日本語をしゃべっている時でも英語がたびたび出てくる「ちゃんぽん」言葉を話していましたので、彼らにしてみれば「こいつ何言ってるの？　ばかじゃねえ」となったわけです。

　しかし、もともとの明るい性格か物怖じしない度胸がアメリカで身についたのかへこたれることもなく、「分からないものは分から

ない」「嫌いなものは嫌い」と堂々と自己主張をしていたように思います。しかも、答えがわかると「ハイ！」と真っ先に手をあげていましたので、先生は私以外の子どもを当てるのに結構苦労していたようです。また授業が始まる前に必ず日直当番がかけていた「起立，礼，着席」の号令や、全校朝礼の時の「気をつけ！　前へならえ、なおれ、休め」の軍隊調の号令が私には大きなカルチャーショックで、「なんでこんなこといちいち命令されなくちゃいけないの！」と反発していました。職員室などはまさに聖域で、入室する時には「失礼しまーす」、退室する時には部屋の方を向いたまま30度におじぎをして（ちょっとオーバーかな）「失礼しました！」ですからね。私なんか歌手の宇多田ヒカルちゃんではないですが、バリバリのタメ口（今の子はみんなそうですよね！）をたたいて「先生、何やってんの？」と平気でズカズカ入っていって「伊藤さん（私の旧姓）、きちんと「失礼します」と言ってから入って来なさい！」といつも怒られっぱなし。

　英語にも、もちろん丁寧な言い方というのはありますし、小さな子どもでも大人から何か許可をもらいたい時などは"May I〜?"ときちんと聞く習慣はありますが、日本語の尊敬語・謙譲語が示すような上下関係を明確に表す性質が英語にはありません。どちらかというとストレートでフレンドリーな性格を持つ言葉（少なくとも私が接してきた英語はそうでした）ですので、それが私の性格形成にも大きく影響していて自然とこういう態度になって出てしまったんだと思います（自己弁護）。実際今でも、英語を話す時はちょっと大胆でストレートでエモーショナルな性格になったような気になりますし、日本語ではその反対に少し相手とは距離を置いていると思われるような「ばかっ」丁寧な言葉と態度になってしまうんですから、言葉って不思議ですよね。また、あちらでは「先生」というものが日本ほど「絶対的な権力を持ち人々の尊敬をうける存在」

(これも,いいのか悪いのか今の世の中ではそういう対象ではなくなってきているようですが)ではなく,大きな先輩もしくはアドバイザー的存在としての役割が大きいので,ついつい日本の先生に対しても同じように馴れ馴れしく接してしまったのだと,思われます。

　このように,自由にのびのびと過ごしてきたニューヨーク時代に比べ,先生など上からの命令には絶対服従で,細かい「規則」にしばられた日本の学校生活は最初の頃は窮屈で仕方ありませんでした。さらに,自分たちが割烹着を着てお昼の用意をしなければいけない「給食」や,わざわざ手ぬぐいを頭にかぶって行う「お掃除」も,向こうではカフェテリアがあってランチ・ボックス(いわゆるお弁当)を持参して食べていましたし,お掃除もジャニター(janitor)という用務員の方がやってくれていましたので「日本の学校って生徒がこき使われることが多いんだ。」と本来の目的(仲間と一緒に協同で作業をする大切さ)に気づかずに不満に思ったものです。また,当時は帰国子女など学校にほとんどいなかったので珍しさも加わり,上級生からも下級生からも「英語しゃべってみて」と何人にも言われ,めんどうくさいので"96-04 57 th　avenue, Apartment 15 E　Paris"とニューヨークの住所をペラペラとしゃべってみたり(すごいでしょ!　今でも空で言えるぐらいなんですから何十回言わされたかご想像つくでしょう?)ニコニコしながら"I think you are mean, ugly and fat. Get lost!"とか相手がわからないのをいいことに悪口などを言ったりしていましたが,そんなことでも「すげえ。外人みたい」と言ってくれていたので「なーんだ。ちょろいじゃん」なんて密かに思ったものでした(いい根性してるでしょ!　性格悪!)。よく帰国子女で,そういういじめの対象にあうのがイヤでわざと日本人ぽい英語を話し,目立たないようにしている子がいるらしいですが,私はそんなことは全くなく,む

しろうまく話せる自分を誇りに思っていたものです。

　5年生の頃になると、もう帰国してから2年近く経っていましたので、それなりに学校生活にも慣れ（しかし「目立とう精神＆独裁者願望」は相変わらずで）学級委員などをやってクラスを仕切っていましたね。国語力も、当初に比べだいぶ付いてきたようで、クラスの前で宮沢賢治の「雨ニモ負ケズ」をただ一人だけ間違えることなく暗唱できた時は、ホント「自分で自分を誉めてあげたい！」気分でしたよ（これも今でも空で言えます！）。おかげでそれ以来人前で本の朗読をしたり詩を読んだりするのが快感になりました。またこの頃好きになった男の子もいて、積極的に自分からバレンタインデーにアプローチし（見事成功！）、生まれて初めてお返しのラブレターをもらった時は、有頂天でしたね。25年経った今でも彼とは年賀状のやりとりをする仲なんですよ（意外と義理堅い）。でも、あの時のラブレターを未だに私が持っていることを知ったら驚くだろうなあ……あっ、ばらしちゃった！

　当時から父は、帰国してからも私の英語力が落ちることがないようにネイティブが教えている近くの大人向け英会話スクールに私を通わせていました。今ですと帰国子女用の子ども向け英会話スクールもたくさんありますが、当時は残念ながらそのようなスクールがなかったので、やむを得ず大人の中に混じって勉強していました。父は転勤族でしたのでそのたびにスクールも何回も変わりましたが、私が大学に入るまで続けさせられました。当然大人のクラスですから小学〜中学の私にはついていけない話題もあり、子ども心に「おじさん達と一緒のクラスなんてヤダな」と思ったこともありましたが、無理矢理にでも続けさせられたおかげで発音などの面では全くネイティブと変わることなく、今までその力を維持できたことに今では感謝しています。

　小学校6年の後半には、父母の故郷である長野に戻りました。中

長野県伊那市：現在の実家から西駒ヶ岳を望む

学での私と英語との関わりは、あたりまえと言えばそうですが授業内容も簡単で、いつもモデルリーディングをやらされていました。当時の英語の先生は、これもまた不思議な偶然なのですが、母が中学の時に教わった片岡先生でした。そんな縁もあり、授業ではいつもアシスタント役を担っていましたね。クラブは当然英語クラブ。学校の催し物の時は『一休さん』の物語を英訳し、脚本を作りました。この時には、使えなくなったバレー用のボールを切って裏返しにしてカツラを作り（そうするとちょうど肌色の部分が出てきて、カツラにするのにおあつらえ向きになるのです）、近所の高校生に借りた制服のプリーツのスカートと母の白の長襦袢を着て即席の「お坊さまルック」を作り、結構いい劇に仕上がったのを覚えています。

　余談になりますが、中学の時に教わった社会科の羽場先生（実名）の息子さんは、実はトレンディドラマなどでも人気のある俳優

英語劇『一休さん』(中央でホウキを持っているのが著者)

の「羽場裕一さん」なんですよねえ。初めて聞いたときは驚きました。でも，あの眼光の鋭いところや，お顔の輪郭などが先生とそっくりだったので，どこかで見覚えのある顔だなあというのは感じていました。故郷にかかわる人がテレビなどで活躍していると，なんだかうれしいですね（ちょっとミーハー）。

✤ わがまま娘アメリカに再び渡る

　高校になりますと，得意な英語も「文法」の高い壁の前でははなかなかその力を発揮できず四苦八苦しました。再三書いてきましたが，私の英語は日本語と同じようにまず「耳から入った」言葉ですので，「こういう場合は，何々助動詞を使い，何々用法でうんたらかんたら」と覚えた訳ではないので，「どうしてそうなるのか。」と言われても「そう言うから。」と感覚的にしか説明できない所があ

第 2 章　私と英語と音楽　47

りました。今までいちいち考えもせずしゃべってきた英語に「理由」や「規則」が加えられ、たいそう為にはなったと思うのですが、それをテストで試されるので勉強していたという節がありますね。かと言って「文法を覚えるのはナンセンスだ」と思っているわけではなく、今まで習ってきた（あくまで早期英語教育を受けてきた場合）ことの補強にはなりうると思います。

　高校でのクラブ活動も英語クラブで、1年の秋には、「ミュージカル出演第2段」ということで『オズの魔法使い』の「悪い魔女」を演じました。本当は「良い魔女」を演じたかったのですが、我の強い性格が災いしたのか、満場一致で「悪い魔女」役に決まってしまいました。

　高校1年の終わりに近づいた頃、父から前述した"AFS"の留学の話がありました。私は、もう半分以上は「日本のふつうの女の子」としてみなと同じように過ごし、このまま一般的な進学のレールを歩いていこうと思っておりましたので、正直なところ「今さら」という思いがまずありました。ですから、当初はイヤイヤ留学試験を受けに行ったのを覚えています。試験の内容は、残念ながらあまりよく覚えていないのですが、日常生活に必要な会話が聞き取れるかどうか（家庭・学校・町中などでの会話）だったように記憶しています。しかし、1次2次と受かり、リターニー（留学後、この組織の運営をボランティアでお手伝いしている先輩）の方々の話を聞いているうちにこの"AFS"の「国際交流を通して世界の平和と安全のために貢献する」という理念に非常に魅力を感じ、自分もそのような高い志を持って今度は違った視点で日本と自分を外から眺めてみるのもおもしろいかもしれないと思うようになりました。

　もともとこの組織は"American Field Service"といって戦時中の野戦奉仕団の方々の活動と精神が源となっており、今でもその

ミッションは変わっておらず，留学先のホストファミリーは全て子どもたちをボランティア（つまり無報酬）で受け入れてくれています。父はこの理念に共感し，一人っ子でわがままに育った娘が，家族を離れて世の中にはいろんな価値や思想があることを身をもって体験し，異文化異人種の人々と触れ合うことによって相手を受け入れていく思いやりと柔軟な心，たくましさなどを培ってほしいと思っていたようです。私は，「言葉」に関しては日本語を全く話さない環境にはすぐに慣れ，昔の感覚も戻ってくると思っていましたが，家族と離れて一人で見知らぬ人の家庭に飛び込んでいくことについては，不安がなかったといえば嘘になるでしょう。他人の心を省みないほど勉強ばかりやって（思い返すと「点取り虫」のあだ名をもらうほどテストで一番をとることに情熱を燃やしていました。な〜んかイヤな女の子ですよね。おまけに銀縁メガネもかけてたんですよ……），それ（勉強ができること）が自分を他人よりも優位に立たせ唯一アピールできるものという愚かな考えを持っていたのが当時の私でした。小さい頃から母に言われ失いかけていた「思いやりの心」を他人と暮らすことで取り戻せるかどうか，勉強以外に何か価値のあるものが見つけられるのかどうか，この手でこの目で確かめてみようと，勝手知ったるアメリカ（ウィスコンシン州）へと旅立ちました。1981年，17才の夏でした。

　私がお世話になったホストファミリーのJuengling（ユングリング）家は，ドイツ系のアメリカ人の家庭で私と年の近い姉が二人おりました。お母さんのHelga（ヘルガ）は小柄のポッチャリ体系の人で，天然パーマでしかも赤毛のショートヘアーがかわいらしく優しいMom。お父さんのKarl（カール）は，戦争で片足を失っておりましたが，茶目っ気たっぷりの人でいつもおもしろいジョークで笑わせてくれていました。しっかり者の長女Ingrid（イングリッド）は腰まである長いブロンドの髪をいつもサラサラなびかせ

Mom, Dad, Karin と

ていましたが，ちょっと「おデブ」の部類に入っていましたので，体重を随分気にしていたようです。次女のKarin（カリン）は，ブルネットの背の高いおとなしい女性でしたが，私と一つしか違わないせいもあってよく二人で私が作った変な歌を歌ってふざけていました。二人とも他州の大学の大学生でしたので，夏休みと冬休みのみ一緒に過ごしました。事前の資料でこのファミリーが音楽好きで（Ingridはビオラを，Karinはクラリネットとピアノの演奏ができました）Muggy（ムギー。ラブラドールレトリバーの雑種）という犬を飼っている（我が家でも犬を飼っていて私は動物が大好きでした！）と聞いていたので，"AFS"は本当に自分にぴったりの家庭を選んでくれたとたいそう喜んだものです。音楽といえば，しばらく私の音楽経歴を書いてきませんでしたが，幼稚園時のオルガン以降，アメリカでも帰国してからもピアノの個人レッスンをずっと受けていました。（ちなみに中学時代の部活は合唱部でし

た。)そんな訳で，Mom もせっかくだからと個人レッスンを受けさせてくれました。留学時代のエピソードはたくさんありますが，その中でも特にいい思い出になり，もう一生経験することはないだろうというすばらしい体験を2つご紹介したい思います。

❈ 初体験その1は舞台の上⁉

　一つは，学校生活の中で体験したことなのですが，私は通っていた Washington Park High School（ワシントンパーク高校）の concert choir（幾つかある合唱部の中で一番レベルが高いとされる聖歌中心の合唱部）でソプラノを歌い，時には伴奏もこなしていました。この合唱部と吹奏楽部が中心となって毎年高校でミュージカルが上演されるのですが，私が在学していた年はユル・ブリンナーが王様役で有名な "The King and I（王様と私）"に決まりオーディションが行われ，東洋が舞台というラッキーさも加わって見事準主役の "Tuptim（タプティム）" 役を射止めることができました。「ミュージカル出演第3段」です。この "Tuptim" という役は，王様の貢ぎ物として隣国のビルマ（ミャンマー）から連れて来られた女性で（「悪い魔女」よりは昇格しましたよね！）王様の目を盗むように，恋人の "Lun Tha（ルンター）" と逢引を重ねます。ソロが1本，デュエットが2本と歌の面でもかなりの見せ場がありました。デュエット曲の一つは，「月も人目も避けて逢わなければいけない恋人達の願いは，いつか自由の身になって太陽の元で見えるものを信じ，恋人の愛をこの目で確かめたい」というなんとも言えない「せつない愛」を歌っている内容で，高校生にはけっこう刺激的な歌でしたね。

　"We kiss in the shadow, we hide from the moon. Our

> meetings are few and over too soon."
> "We speak in a whisper afraid to be heard. When people are near we speak not a word."
> "Alone in our secret, together we sigh, for one smiling day to be free!"
> "To kiss in the sun light and say to the sky, Behold and believe what you see. Behold how my lover loves me."
> (Richard Rodgers and Oscar Hammerstein II, *We Kiss in a Shadow*, 1951)

同時に、舞台上で抱き合うという実生活では全く未経験の「ラブシーン」も演じなければなりませんでしたが（台本では本当は「キスシーン」だったのですが、監督さんの配慮からか、そうしなくてもよかったのでホッとしました。危うく私のファーストキスを何百人の前で披露する羽目になるところでした！）、意外と舞台度胸があるらしく、ドキドキしていたのはむしろ相手役のMario（マリオ）でした。彼は、メキシコ系の青年で、高校生ながら立派な口ひげをたくわえていましたね。背は私ぐらい（162 cm前後）でそれほど高くはなかったのですが、同じ合唱部の180 cmはあろうかと思われるRayann（レイアン）という女の子と大の仲良しで、私も時々彼らの仲間としてよく遊びに連れていってもらったものです。ここで一つ気を使ったのがセリフ回しで、この劇ではあくまで「英語を少し学んだことのあるビルマの女性」役でしたので、あまりにもネイティブ並の流ちょうな英語を話すのはまずいと考え（実際その頃の私の英語は「昔とった杵柄」ではないですが、かなり流ちょうに話すことができましたので……）"Japanese English"風になるようわざと"マイ ネーム イズ タプティム"というようにカタカナを読む感じでセリフを言ったものです。あとでMomに

「Lisaがわざと英語を下手にしゃべっていたのがよくわかったわよ」と笑いながら言われましたけどね。衣装は洋裁が得意なMomのおかげで、きらびやかなすばらしいものに仕上がりました。6夜上演され（もちろん有料）、無事全夜やり遂げることができました。カーテンコールのあの拍手とスタンディング・オベーション（だったような気が……）、そして人々の歓声は一生忘れることはないでしょう。大勢の仲間と一つの物を作りあげていく時の喜びと充実感を、ぜひ私が今教えている子どもたちとも分かち合いたいと思っています。（このことについては、第5章「楽しい英語の世界」に、Kids & Englishという英語教室主催の劇や歌のイベントに参加した時の子どもたちの様子を書いてありますので、ご一読いただければと思います。）

　余談ですが、この『王様と私』は1999年に『アンナと王様』という題名でリメイクされ、日本でも2000年始めに上映されました。

Tuptim（著者）& Lun Tha（マリオ）

アメリカ人女優の知的で美しいジョディ・フォスターがアンナ役を，香港の俳優で日本の「小林旭」似のチョウ・ユンファが王様の役を演じましたが，ミュージカルのにぎやかな趣と異なり，異国情緒たっぷりの華やかな情景と美しい音楽が相まって，心を通わせながらも決して結ばれることのない「アンナ」と「王様」の悲恋を見事に描いていました。私がかつて演じた"Tuptim"もやはりもう一つの「結ばれない愛」の殉教者として描かれており，もう懐かしさとせつなさでボロボロ泣きながらこの映画を鑑賞したものです。ぜひみなさんもビデオでご覧になってみて下さい。きっと，ぐっとくること間違いなしです！

❀ 初体験その2は鍵盤の上⁉

　話を元に戻しましょう。もう一つの思い出はピアノでの体験でした。ある時，私のピアノの先生だったMr.Malme（マルミー）に，市の若者向け音楽コンクールに私もぜひ挑戦してみないかとすすめられ，コンクールに出るなど初めてでしたがまたとない機会だと思い，チャレンジしてみることにしました。先生が選んで下さった曲は「グリーグのピアノコンチェルト作品16」という大作の第一楽章で，優勝すると市のシンフォニーオーケストラと演奏でき，おまけに賞金までもらえるという特典付きでした。第一楽章だけでも15分かかる上，全て暗記しなければならなかったので，それはそれは大変でした。私の音楽ライフ上，もっとも難しい曲でしたが，日に日に曲らしくなっていくことに手応えを感じていました。そして，当日。ライバルは，市の天才少年と言われてきたBrad（ブラッド）や美人のHeather（ヘザー）など強敵ぞろい，しかも同じピアノでのエントリーでした。Bradは，確かに「天才」と言われてきただけあって腕は確かでしたが，性格がイヤーなヤツで（私が

言うのもなんですが……)「俺にかなうヤツなどいない」と公言してはばからない"stuck-up"(いわゆる「天狗」)でしたし，Heather は美人でしたが私が密かに憧れていた金髪で青い目のステキな Shawn(ショーン。彼は私のホストシスターの Ingrid にビオラを教わっていました)とつき合っているという噂を聞いていたものですから「この二人にだけは負けてなるものかっ！」と強気で挑んだものです。そして，審査の結果は……。なんと私が優勝してしまったのです！　先生もホストファミリーもみんなそれはそれは大喜び！　ユングリング家は長女の Ingrid が数年前にビオラで優勝したのに続いて三女（？）の私が見事優勝を勝ち取ったということで，とても喜んでもらえました。(結局 Brad も Heather も最終選考まで残らなかったようです。なーんだ！　たいしことなかったのねえ。)翌日の市の新聞には「日本の製品がすばらしいことはみなさんご存じだろうが，人材までもがすばらしいことがこれで証明さ

Youth concert features Japanese AFS student

The Racine Symphony Youth Concert for fifth graders Feb. 16, 10:00 a.m. at Park High will feature Lisa Ito, AFS Student from Nagano Japan, playing Grieg Piano Concerto, 1st Movement.

Lisa, 1st place winner of the Guild talent contest, is a student of Grant Malme and lives with the Karl Juenglings while in Racine. Traveling with Park High concert choir and singing a major part in "the King and I" this spring bespeaks her musical talents.

David Bixler, second place winner plays lead alto sax for MacDonalds jazz band and the 20 member parade band which tours nationally appearing in Macy's Parade, the Rose Bowl

Lisa Ito

優勝の記事が掲載された地元紙の一つ（著者旧姓：伊藤）

れました」という記事が掲載され、にわか有名人になってなんだかくすぐったいやら嬉しいやら。「やあそれほどでも」と一応日本人らしく謙遜しておきながら、心の中では"YES!"とガッツポーズをとっていたと記憶しています。オーケストラと演奏する機会は本来2度で、市の老人会と小学生たちの前で1度演奏しましたが、2度目は残念ながらミュージカル上演日と重なってしまい、やむなく辞退することとなりました。ここでもオーケストラと一緒に一つの曲を作り上げていく時の喜びを味わうことができ、本当にホストファミリーのおかげで貴重な体験ができたことに感謝しています。

　ユングリング家と過ごした1年間は本当に楽しく、家族のように一緒に笑ったり泣いたりケンカしたり、このわがままな日本人の女の子を大きく成長させてくれました。その後、大学の時に会いに行き、また何年か後に私が結婚する前年と翌年、続けて日本に Mom と Dad を招待しました。その時は洋裁の得意な Mom にお願いをしてウェディングドレスを作ってもらい、Dad にはスピーチをしてもらいました。出張の合間をぬって会いに行ったのが1996年の2月で、その年の5月に Dad は肺ガンのため亡くなりました。一周忌には、遺灰をロッキー山脈に撒きに行くのに同行しました。現在 Mom は姉 Ingrid の家族（おばあちゃん（Mom）ゆずりの赤毛の子どもたち3人と犬5匹）の近くで、幼稚園のボランティアをしながら3匹の犬に囲まれ元気に暮らしています。

❀ あなたも私も帰国子女

　帰国してからは、高校2年生のクラスに編入しました。自分の進路をそろそろ決めるにあたって、当初音楽の道を選ぶか迷いましたが、ピアニストになれる程の才能が自分にはないことはわかっていましたので、今までやってきた英語を使って将来何らかの職業につ

いた方が選択肢は多いだろうと思い，知人の娘さんが通っていたこともあって昔から両親に「ここに入れたらいいね」と言われていた上智大学外国語学部英語学科に進むことに決め，推薦入学することができました。

　大学は4つのクラスに別れており，私のクラスは46人中女子が30人，しかも数人を除いてほとんどが帰国子女でした。その中には，ニューヨークでお友達だったあの中尾典子さんもおり，偶然の再会に二人とも大変驚きました。彼女は帰国後またすぐ渡米し，結局高校卒業まであちらにいたそうです。この4つのクラスは，リスニング力別にクラス分けされており，受験や浪人して入った人たちが多いクラスも当然ありました。私のクラスの帰国子女は，私よりもはるかに長い年月外国で暮らしてきた子たちが多く，日本語がおぼつかない感じの子が何人もおりましたが，彼女たちの考えはとても独創的で私にとってもよい刺激となりました。例えば，毎年秋に

ハロウィン喫茶（右端：著者）

行われる学園祭「ソフィア祭」に何かクラスで出し物を出そうということで、ちょうどハロウィンの時期と重なるのでみんなで仮装して手作りのお菓子を出す「ハロウィン喫茶」をやろうと提案したのも彼女たちでした。私もがんばって「キャラメル・リンゴ」をたくさん作り、ピーターパンの格好をして（今思い出すと恥ずかしいのですが、結構 Sexy 路線のピーターパンでしたね。その頃はまだ思いっきり足を出しても恥ずかしくないほど若さが勝っていたんですね。うーん、しみじみ）喫茶店に貢献しましたよ。おかげで売り上げは上々だったようです。よく帰国子女は自分が住んでいた外国が一番よく、「私が、私が」と自己中心的な話をすると言われていますが、そのようなことはほとんどなく、行動は積極的でしたが回りの意見を聞きまとめるのが上手な子ばかりでした。英語学科というのは英文科とは別の学科で、文学だけでなくスピーチやライティング、ディベート、通訳など英語における様々な技能や学問を学ぶ所でした。必須科目の授業は当然英語で行われ、先生方は、カトリックの学校なので神父さまやブラザーが多かったですね。サークルは、初めて「英語」から離れてスポーツ系のサークルに所属し、元気一杯の大学生活を送りました。

❀ 私の選んだ道

　4年間はあっという間に過ぎ、さていよいよ就職となった時、今まで学んできたことを生かせる場所はどこだろうといろいろ模索しました。4年の初夏には、今まで取ってきた教職課程最後の仕上げのため、母校の教育実習を3週間やらせてもらいました。

　少し話しが逸れますが、私は当時 NHK 教育でオンエアーされていた「いとうせいこう」さん司会の『土曜倶楽部』という番組の「体験隊」に応募して受かり、その番組の収録がこの教育実習の間

に行われたため，実習の合間をぬって東京へ戻ったりしていました。この『土曜倶楽部』では，自分が体験したいことを書いて応募するのですが，私は「動物園の飼育係をやってみたい」と書き，なぜか「早朝の新宿の街を歩いてみよう」という企画の「体験隊」の一員として選ばれました。朝の3時に起床し，「眠らない街――新宿」を4人の仲間たちと探検し，そこで出会った人々の話をきくという貴重な体験をすることができました。4年生になって，自分の進路を決めるにあたり，いろいろ悩んでいた時期でもあったので，こういう「体験」は，とても新鮮で忘れられない思い出になりました。でも，一度でいいから「動物園の飼育係」をやってみたかったなあ……。

さて，話を教育実習に戻しましょう。高校1年生を担当したのですが，まだオーラル・コミュニケーションの授業などはなく，従来の読んで訳すパターンが行われているのには驚きました。なんとか少しでも授業をおもしろくしようと歌を歌ったり，生徒たちに絵付きの作文を書いてもらってみんなの前で発表してもらったりいろいろ工夫してみました。熱心に指導して下さった担当の原田先生には大変申し訳なかったのですが，どうしても厳しいカリキュラム下にある高校で英語を教えることに魅力を感じず，結局この時は教職の道を選びませんでした。

この後，マスコミ，某銀行の総合職などに目を向け，最終的には当時就職先として学生の間でもっとも人気の高かったNTTに入社することができましたが，大企業の中で自分に何ができるかいろいろとチャレンジしたい気持ちでしたので，特に英語を使える部署ということにはこだわりませんでした。仕事をしていく中で使えるチャンスがあればいいな，と思う程度だったと思います。支店の窓口担当を経て，システム営業に異動してからも国内企業が主なお客さまでしたので，やはり英語を使う機会はほとんどありませんでし

た。その後，自分の希望もあって子会社へ出向し，念願叶って広報の仕事に携わることができました。ここは，アメリカの企業と契約・提携することが多く，広報担当として英語のパンフレットの翻訳やあちらの担当者との打ち合わせ，海外出張，展示会への共同出展などようやく英語を使うチャンスがたくさん巡ってきました。ちょうどその頃，当時司法浪人生で高校時代の同級生だった夫と再会し，しばらく私が彼の学習環境を支える形で結婚しました。そしてその2年後，彼は長年の夢が叶い，晴れて弁護士となることができました。

　その事がきっかけで，私は自分自身の生き方も疑問に思い，今の仕事をこのまま続けていきたいのかどうか自問自答している毎日を送っていました。また，年齢も年齢だったので，そろそろ子どもがほしいという気持ちが強くなり，体調を整えるためにもこの仕事をやめてまた別の夢を見いだそうと思いました。そして，あの大学4年の初夏に置いてきた「教師への夢」を思い出し，もともと子どもが大好きだった私はもっと小さい子どもたちに英語の楽しさを教えてあげられたらなあと思うようになりました。ちょうど，神戸でヤマハ英語教室の講師をやっていたかつての同級生の中尾典子さんを思い出し，さっそく話を聞くことにしました。世の中には子ども用英語教室はいろいろとありますが，カードを矢継ぎ早に見せて覚えさせるやり方や，パターンプラクティスというようなやり方はどうも好きになれず，歌（リズム）を通して英語を教えるという指導方法でしたら，自分自身も楽しめて子どもたちも自然に英語に親しんでくれるだろうという期待感が持てましたし，「理佐ちゃんだったら明るいし歌も上手だし，きっといい先生になれると思うよ」という彼女の後押しもあってここの講師になることを希望し，現在に至っています。

❋ 伝えたいこと

　これと並行して，私は自分の子どもを早くこの手に抱いてみたいと強く願っていたにもかかわらず，なかなか授かることができず病院を訪ね，現在も通院を続けています。なぜ子どもがほしいかと聞かれれば，変に思われるかもしれませんがほとんど動物の「雄」の本能に近いものがあり，自分の遺伝子をこの世に残したいという気持ちと遺伝子だけでなく自分の考えや生き方，経験してきたこと，自然の美しさ，喜びや悲しみといったものを自分の子どもに語り聞かせ見せたいという思いがとても強いからなのです。しかし，既に何年もたっており，このままですとますます自分の子どもをもうけることは困難になると考えると余計に，少しでも多くの子どもたちと自分の持っているもの（英語に習熟した経験）を共有したい，英語が話せることによって得られる喜びや楽しさを伝えられたら，という思いが日に日に強くなっています。

　一度だけ，「私もママになれるのね！」と喜んだ時もありましたが，残念なことに，小さな命は私の元から３ヶ月ではかなく消えてしまいました。その４日後に，何事もなかったように笑顔で子どもたちの前でレッスンをしなければならなかった時は，涙を見せまいと必死でしたね。また，ちょうど同じ頃，クラスのお母さんに２番目の子どもができ，日に日にお腹が大きくなっていく姿を目の当たりにすると空っぽの自分のお腹がどんなに恨めしく思われたことか……。なぜ私には，みんながいとも簡単そうに手に入れることができる「しあわせ」さえも，得ることができないのだろう。これは，神様が私に試練を与えているのだろうか。それとも，私は自分の子どもを生み育てる以外の使命があるのだろうか。私が存在している意味は何なのだろう。そんなことを，毎日毎日自問自答しながら，苦しみ悩んでいました。それでも，レッスンに行くと「理佐先生，

Hello!」と駆け寄ってくる屈託のないかわいい笑顔が待っている。小さな温かい手の平が，「楽しいよ！」って喜びを伝えてくれる。歌ったり踊ったり，ゲームをしたり，私にとって，子どもたちと過ごしている時間がこの上ないしあわせであることに気がつきました。この子たちの笑顔が何よりも私の心の支えだということに……。世のお母さんたちは，「産みの苦しみ」から始まって「育てる苦しみ」もありながら，きっとこの子たちの輝くような「笑顔」があるからこそ，毎日を楽しく明るくがんばって送ることができるんでしょうね。私は，レッスンという場でしか接することができませんが，そんな私でも，子どもたちの笑顔に心は癒されます。「子育ての苦労を知らない人が，子どものことがわかるの？　子どもを教えられるの？」と言われてしまえば，正直に「そうですね。私はみなさんの苦労を体験したことがありません。」と言うでしょう。しかし，私も世のお母さんたちに負けないぐらい，子どもが好きです。それと同時に自分の仕事に自信と誇りを持っています。それだけの気持ちじゃダメでしょうか。子どもがいないと，やっぱりダメでしょうか。

私は，これから先，自分の子どもが持てるかどうかわかりませんし，いずれあきらめなくてはいけない時がくるかもしれません。ですから，私が唯一この世に残せるとしたら，「英語大好き！」という気持ちを一人でも多くの子どもたちが持てるように，その喜びを伝えていくことでしょうか。きっとこれが，私に与えられたしあわせと使命だと思って……。

✼ インターネットはすごいねっと

湿っぽい話はこれぐらいにして，現在の「私と英語」との関わりは，この英語教室だけでなく，インターネットという新しい世界の

おかげでますますエキサイティングなものになっていることをご紹介しましょう。まもなく、テレビと同じようにコンピュータも「一家に一台」という時代に突入すると予想されますが、それに伴いインターネットの利用者もうなぎ登りに増加していると言われています。私は、出向先の会社がプロバイダー業もやっておりましたので、わりと早くから仕事などで利用していました。そのおかげで、今自宅では、ISDN回線（電話回線と違いデジタル通信なので通信速度が速く、1本で2回線分使える）を引き込み、一日に何回もメールの交換やブラウジングを行っています。なんといってもインターネットの利点は、家にいながらにしていろいろな情報を引き出せるということです。今までいちいち雑誌や本を買ってきて調べていた事柄も、ちょっと検索すればすぐに情報の在処がわかるのです。日本語のホームページもたくさんありますが、やはりこの世界の公用語は「英語」です。「読んだり、書いたり」する点では、とてもいい勉強になります。

　私の主な利用方法は、アメリカの商品をオンライン上で注文するインターネットショッピングや、海外旅行をする際に宿泊したいホテルのホームページにアクセスしてのオンライン予約、ブロードウェイのチケットの予約などです。いずれもクレジットカード払いでの購入ですが、たいがいセキュリティーもしっかりしていますので（アクセス時にダイアログで確認する必要があります）、気軽に購入することができます。また、英語教育関連のホームページを検索し、レッスンに使えそうなゲームやアイディアを情報として得ることができます。英語教育に携わっている先生方で作ったホームページなどもたくさんありますので、掲示板などを何か困ったことがあったり悩みを分かち合ったりする場として利用している方は結構多いのではないかと思います。ハロウィンやクリスマス、イースターなどの行事の際は、ゲームやかわいらしいイラストなどをプリ

ントアウトしてパーティに利用しています。これらイベントで子どもたちにあげるお菓子やおもちゃや文房具，それに教室用の飾りなども，カタログから選んでネットで注文できるのでとても便利ですね。やはり本場のお菓子や飾りは，雰囲気がよく出て子どもたちにも好評です。洋書なども日本で購入するととても高いので直接向こうから買うようにしています。

その他にも，E-greetings といって今まで郵便で送っていた年賀状，四季折々の挨拶状，お知らせ，お誕生日，クリスマス，バレンタイン用カードなどを，好きなデザイン，イラストから選択し，文面を書き，音楽までも添えてオンライン上で無料で送ることができるホームページ（英語も日本語も）がたくさんありますので，私も大切な人にちょっと贈るのにいつも利用しています。メールも非常に手軽に利用できるもので，日本のお友達はもちろん，ホストファミリーの一番上の姉やたまたま知り合ったカナダの方などともメール交換をしています。手紙ですと一週間から10日かかって相手に到着しますが，メールですと一瞬のうちに相手に届きますので，リアルタイムな情報がすぐに手に入るというおもしろさがありますね。その人が今そこで何をしていたかわかるぐらいの臨場感があります。レッスン教室では，残念ながらコンピュータが設置されていないので，インターネットを利用してのレッスンというのは今のところ行ってはいませんが，学校での利用は確実に広がっており，教科書以外のところで英語の楽しさを味わえるという点で大いに活用されるべきだと思います。

❊ なんだかんだの35年

こうして私の30年あまりを振り返ってみますと，「英語に触れていなかったら自分は一体どうなっていただろう？」と思うぐらい私

の生活は英語と切っても切り離せなくなっていました。もちろん小さい頃は，自ら英語の世界に飛び込んだわけではなく，親の影響とアメリカに住むという幸運に恵まれたおかげで英語に触れるチャンスが人よりもたまたま早く訪れ，その楽しさを見出すことができたわけです。英語があったから，いろんな人種のお友達ができ，ユングリング家とめぐり逢い家族の一員にもなることができたのです。英語があったから，自分の小さな世界が，こんなにも大きく広がったのです。

　そして大人になってからは，せっかく手に入れた英語という「魔法の杖」を何かに役立てることはできないか，英語が使えることのおもしろさをどうにかして伝えられないかと模索した結果，現在の「英語講師」という仕事に行き着いたわけです。それも私が英語に初めて接したのと同じ年齢である「2, 3歳」の子どもたちが中心の生徒を持つ「児童英語講師」という職業。「英語が話せます」だけで簡単に気軽にやっていられるものでもないし，片手間にできるものではないことも十分わかってきました。また，やんちゃな男の子やおてんば娘たちに手を焼いて，レッスンがスムーズに運ばないことにいらだちを覚えることもありますし，なかなか目標とする表現が定着しないために自分の教え方に自信をなくしてしまうこともしばしば。「なにもかも理想通り!!　世の中すべての子どもたちがあたくしのこの手でバイリンガルになるのよ!　オーホッホッ!」ってことがそう簡単にいくはずがないのが現実の厳しいところなんですよね。そんな時はいつも，あの『王様と私』の主人公アンナが王様の子どもたちに英語を教えていく場面で歌う"Getting to Know You"を心の中で口ずさんでいます。

"It's a very ancient saying. But a true and honest thought.
That if you become a teacher, by your pupils you'll be taught.

As a teacher, I've been learning. (You'll forgive me if I boast.)
And I've now become an expert on the subject I like most,
　'Getting to know you.'
Getting to know you, getting to know all about you.
　　　　　　　　⋮
Haven't you noticed? Suddenly I'm bright and breezy
Because of all the beautiful and new things I'm learning about
　you, day by day."
(Richard Rodgers and Oscar Hammerstein II, *Getting to know You*, 1951)

「魔法の杖」の力も，なかなかのものでしょ……。

第3章
クラス風景と子どもたちの変化

私が講師として勤めている英語教室は，1987年に4，5歳児を対象としたプライマリーコース（現在の名称は「えいごではなそ」）の開講から始まりました。現在では2,3歳児を対象とした「リズムでえいご」を始めとする入会コースを5つ，進級コースを3つ提供しています。この英語教室の特徴は，子どもの知的・心理的発達に沿った「適期教育」の考え方に基づき，幼児期から中学入学まで体系だったカリキュラムで学習できるシステムと，日本語を使用しないダイレクト・メソッドといわれる指導法を用いているということです。また特筆すべき特徴は，アメリカのメアリー・ヘレン・リチャーズ女史がつくったETM（Education Through Music）という「ことば（英語の歌）」と「音楽リズム（ゲーム）」を組み合わせた音楽・言語教育指導の流れを汲み，1966年以来，当音楽教室がアメリカやカナダで実践してきた英語での幼児音楽教育の指導法（模唱・模奏，部分唱・分担唱，創唱）を基本に，英語特有の音声リズムを歌やチャンツに取り込んで，楽しみながら自然に覚える指導を実践しているところです*。

　それでは，実際に子どもたちはどのようにして英語に親しんでいくのか，年齢別のクラス毎にレッスン風景と子どもたちの様子を考察していきましょう。

※ 英語の世界はワンダーランド
──2～3歳児のクラス①

　2歳児といえば，中にはおむつも取れていないお子さんもいるぐらいですから，まだまだお母さんとは一心同体の生活を送っています。このコースを含め幼稚園児までのクラスは，基本的にお母さん

---

*ヤマハ英語教室『リズムでえいご 指導ハンドブック』pp. 14-15

同席のレッスン形態をとっていますので，一緒に歌ったり踊ったりしながらお母さんたちは我が子の成長ぶり，活躍ぶりを目の当たりにすることができるわけです。

テーマソング "Let's Have Fun Together" がBGMで流れる中，子どもたちはお母さんに手をひかれながら，おずおずと教室に入ってきます。

〈入り口の所で姿勢を低くし，子どもの目線と合わせるようにご挨拶〉

私：Hello, Akina！

明奈ちゃん：〈手を振りながら〉Hello～！

〈いつもながら元気が良い明奈ちゃん〉

私：Hello, Masaru!

勝くん：〈口パクで恥ずかしそうに〉Hello....

勝くんのお母さん：ほら，ハローって先生言っているよ。言ってごらん。

やはり自分の子どもには早く英語を口に出して言ってもらいたいのが親の願いというもの。でもあせりは禁物です。自分から言いたいと思った時に自然に出てきますから，無理強いはあまりしない方がいいでしょう。なかなか口に出さない子でも，しっかり聞いているものですから，いざ話し始めたらそれはそれはすばらしい発音をしていることもあります。この時期は，英語のシャワーをたくさん浴びて，英語独特のリズム，ストレス，イントネーションをまず体で覚えてもらうのが一番です。

私：Hello, everyone! How are you today? Are you ready for today's lesson? O.K. We'll sing and dance and have lots of fun. Here comes the music!

CDの音楽が鳴り始めると，子どもたちは私の真似をしながら手をたたき始めます。

　智子ちゃん：パン，パン，パン。〈手拍子を打ってリズムをとるが，声は出していない〉

智子ちゃんは小さな体で大きな手拍子を打っています。

　良輔くん："イングリシュタイムイズ　ヒアー　テュデー"

良輔くんは大きな声でリズムカルに歌います。この辺からどの子もみんな目が輝き始めます。さあ，子どもたちはすてきなEnglish Worldの入り口に来ました。

　私：Wow! Akina, you have a beautiful voice. Ryosuke, what a singer!
　（明奈ちゃん，いい声ねえ。良輔くん，すばらしい！　歌手みたいよ！）

一人一人の目をのぞき込みながら，声をかけてほめてあげます。大きな声と明るい笑顔は必需品です。テーマソングが終わるとみんなで"Make a circle, do it, do it."と輪になりながら歌うのですが，この時まだお友達と手をつなぐのに抵抗がある子どももいますのでお母さんの参加も促しながら輪を作ります。

　私：OK, mommy, please join in the circle. Hiroki, can you

hold hands with Yumi?

(じゃあ、お母さんも輪に入ってください。広樹くん、優美ちゃんとお手手つなげる？)

広樹くん：〈特に女の子と手をつなぐのが恥ずかしいらしくなかなか手をつながない〉

どうしようかな〜。〈しぶしぶつなぐ〉

私：Good! OK, ready? Make a circle, do it, do it.〈これを3回〉Let's make a circle.

(はい、じゃあ、いくよ。輪になろう、そうしよう（×3))

子どもたち：メイカーサーコ　デュイデュイ……

この時、子どもたちが「メイカサーコデュイデュイ」と聞いたままの発音をしているのに驚かされます。

Make a Circle

(歌のつづき)

私：Shake your fingers up! Shake your fingers down!
　（指をブルブルさせながら上！　指をブルブルさせながら下！）
広樹くん：〈Up! Down!　と言いながら楽しそうにみんなと逆の動作をする〉
私：Hiroki, you're doing the opposite! This is up!
　（広樹くん，逆だよ。これがUp!)〈心の中では「こりゃ広樹！　もう，わざとやってるでしょ！」〉
広樹くんのお母さん：広樹，違うでしょ！
〈本人，それでもいたってニコニコ〉

まあここでは厳密に間違いを正すことなく，upとdownを体で感じながら動作を強調して同じようにやってもらうよう促すに留めます。パワー全開の雄介くんは，みんなで手をつなぐのが大好きで，隣の優美ちゃんや明奈ちゃんを振り回すようにして輪を早く回したくて回したくてしかたのない様子です。「優美ちゃん，壊れなきゃいいけど……」といつもちょっと心配しています。

うさぎさんに Hello!

　挨拶の基本である"Hello"は，お母さんと向かい合って手をつなぎ，"He（手を上へ）-llo（手を下へ）"とアクセントの場所を意識しながら歌うことから始めます。2, 3歳児の五感が発達段階にあるこの時期は，とにかく英語独特のリズム，ストレス，イントネーションを身につけてもらうのに非常に適した時期ですので，こういった母子が手をつないでリズムをとる動作を至る所で行ってもらいます。

〈お母さんと向かい合い，手がちぎれんばかりに上下にふる〉

雄介くん：〈教室中に響くような大きな声で〉HELLO, HELLO TRA LALALALALA.
私：Yusuke, very good! Now let's say hello to the class.
（雄介くん上手！　それじゃあみんなとご挨拶しましょう）

クラス全員とも同じようにご挨拶し，この後，このコースのマスコット兼主人公であるうさぎちゃん（パペット）とご挨拶をします。こういったパペットやぬいぐるみの使用は子どもの警戒心を解くのに非常に有効ですし，自ら私の方へ近づき耳をかたむけてくれるきっかけにもなりますので，積極的に利用しています。

〈白うさぎのHoppyを手につけクラスの前で見せる〉
私：Look! Who's this? This is Hoppy. Let's say hello to Hoppy!
（見て！　これは誰でしょう？　ホッピーで〜す。みんなホッピーにご挨拶出来るかな）
〈一人一人の所に行きながら，Hoppyの声色で〉Hello, Shino.
志乃ちゃん：Hello.
私：Good!〈声をかけながら小さな声でさりげなく"Hello, Hoppy."と挨拶を返すように手振りで促す〉
志乃ちゃん：〈恐る恐る〉ハロー……ホッピー！

この年齢の子どもたちは男の子も女の子もぬいぐるみには特別な思いがあるらしく，Hoppyにほっぺたにkissをしてもらうと，とろけるような笑顔になります。特に明奈ちゃんは一度抱きしめるとしばらくは離さないほど好きなようです。

"Hello, Hoppy."

私：Hello, Akina!

明奈ちゃん：〈とろーんとした甘い声でぎゅーっと抱きしめながら〉Hello〜, Hoppy!

言い方もまるで恋人に会った時のような甘〜い言い方になるのがとてもおもしろいですね。ちなみにこのうさぎちゃんのパペットはこのコースの教材として子どもたち全員に行き渡っていますので、きっとそれぞれの家でまっ黒になる程抱きしめられていることでしょう。この「ご挨拶編」では、ほぼ全員 "Hello." と言えますが、名前の部分はなかなか言えない子もいます。人懐っこくて元気のいい子どもは、恐れを知らずにどんどん発話しようとしますが、比較的引っ込み思案で大人しい子どもは、発話するまでに時間がかかります。それでも発話しない間もよく聞いているのでしょう、何回かレッスンを重ねていくうちに自然と緊張感もとれて発話するよ

うになってきます。それからタンバリンを使って"Hello"と2音節であることを確認させながら一人一人たたいてもらいます。この時もやはりタ，タンとたたくだけの子，"He-llo"とリズムカルに言いながらたたける子と様々です。元気のいい広樹くんは，最初の頃はタンと一度しかたたかなかったのですが，「ハロウ」の声もたたく音も思いっきり大きく，いつも耳も手もしびれるくらいです。しかし，彼を始め，タ，タンとさえたたけなかった子も2ヶ月もすればリズムを確実につかむようになりました。

　この「リズム」というものは，英語を話すことに関してはとても重要な要素になります。しばしば大人が話す英語で見受けられるのが，抑揚感のない平坦な「話し方」と「読み」です。日本語の音域は比較的狭い範囲にありますので，平べったい印象が与えられ，どうしてもその習慣がぬけません。それに比べ，英語は一語一語にアクセントというリズムがあり，抑揚があります。日本語の話し方をそのまま英語の話し方に当てはめてしまうと，たとえ正しい発音で言っているつもりでも，外国人が聞くと日本語と同じような「ダダダダ，ダッ」というように聞こえ，英語には聞こえないらしいのです。それでは，コミュニケーションが成り立ちません。先日，あるテレビ番組で，英会話の上達法として「モーツァルトのようなクラシックを聞くとよい」といっていましたが，あの跳ねるような曲調は英語にはちょうど合うかもしれませんね。まあ，大人になってから苦労しないように，この大切な「リズム感」を身に付けるには，小さいうちから「体」で覚えてしまうのが，一番の近道と私は思うのですが……。

えっ！　もう名前が読めるの？

　"Hello"からさらに発展させ"Hello everybody. Hi, how are you?"と歌いながら問いかけ，子どもたちは"I'm fine."と答え

ていくのですが，"I'm（両手を胸元から）fine.（大きく上へ伸ばしながらグルリと回す）"といった動作を伴いながら強拍をつけるところを身体で感じてもらいます。

　私：Hello, Hanako, hi how are you?〈花子ちゃんのところへ
　　　行き両手を前に伸ばしながら〉
　花子ちゃん：〈グルリと手を回す大きな動作のみ〉

いつもかわいいアクセサリーをつけたおしゃれな花子ちゃんは，全員で歌う時は小さな体を精一杯使って大きな声で歌ってくれているのですが，一人一人になると恥ずかしいのかなぜか動作だけになってしまいます。でも，みんなと一緒にする時にはかわいい声が聞こえてくるのでじきに慣れるでしょう。

　私：Hello, Tomoko, hi how are you?
　智子ちゃん：〈ちゃんと動作を伴いながら〉I'm fine. I'm fine.

この時まだ言えない子どもには"I'm fine."の部分も一緒に歌ってあげます。言えなくても子どもはちゃんと聞いているはずですから，お手本となるようたくさん聞かせてあげることが大切です。
　ところで，先程登場した広樹くんは回りの事柄を視覚的に捉えるのが得意で，数字，色，形に非常に関心を持っていて，覚えるのも早いようです。歌いながら一人一人の名前を読んで名札をつけてあげる時に，

　私：〈歌が始まる前や間奏部分でなんとはなしに名札を見せながら〉Whose name tag is this?（これは誰の名札かな？）
　広樹くん：ともこちゃん！〈うっ，まさか偶然でしょ？〉

と，まだ読めるはずのないアルファベットで書かれた名札が誰の物であるかを簡単に当ててしまいました。次のレッスンでも，

　私：〈あえて名指しで〉O.K. Hiroki, whose name tag is this?
　広樹くん：うーんと　ひろきの。
　私：(ホント？) Ho, how about this?（当たるかなあ）
　広樹くん：まさるくん。
　私：〈絶句しながら〉Wow, that's right!

彼自身の名札も含め同じ質問をしましたら，見事に当てました。おそらく，書かれているアルファベットを形で覚え，さらにその名札は誰が付けていたのかをしっかり見て記憶していたのだと推察されます。子どもの能力のすごさをまざまざと見せられた出来事でした。

❀ 先生は"おいしそう"!?
――2〜3歳児のクラス②

"Hello, Hoppy."というご挨拶をみんなが完璧に言えるようになるこの年齢グループの2年目の終わり頃に，今度は"Hello, Lisa."と実験的に私の名前を呼んでもらうようにしてみました。次の段階である年齢グループ「えいごではなそ」は，お互いの名前を聞いたり握手をしたりするなどお友達とのコミュニケーションをもっと深めていく内容になっているので，その予行練習みたいなものを事前にちょっとしておこうかなあと思いつき，どういう反応を示すか見てみることにしたのです。

　〈いつものようにHoppyにご挨拶をしてもらった後〉

私：〈胸につけている自分の名札を指差しながら〉I'm Lisa. Can you say hello to Lisa?〈Hello, Lisa. と小声で一緒に言いながら〉
  明奈ちゃん：〈割合すんなりと〉Hello, Lisa.
  広樹くん：〈なぜか力をいれながら〉ハローりーさっ！
  智子ちゃん：〈少しとまどいながら〉Hello..., Lisa.

名札を見せながら聞いているので，私が「理佐」という名前であることは理解していると思うのですが，「理佐」の発音も英語ですと若干長く「りーさっ」という感じになりますので，違和感があるのか聞き取れないのか，なかなか"Lisa"の部分が発音できない子が多いことに気がつきました。

  勝くん：Hello, Pizza.
  私：（なっ，なんだって？!!）Masaru! I'm not pizza, I'm Lisa! LI-SA.

と直してあげるのですが，本人にはどうしてもpizzaという風に聞こえるらしく，

  勝くんのお母さん：まさる，またpizzaって言ったの？
  勝くん：えーん，だってわかんないよ〜。Pi, Li, Lisa
  私：〈必死に笑いをこらえながら〉That's right. Very good! I'm LISA!

半べそをかきながら一生懸命発音しようとしている姿に，思わずゲラゲラ笑ってしまっていた理佐先生はしきりに反省しました。いくらまちがいでも笑ってはいけませんよねえ。ごめんね，勝くん，先

生もう笑わないから、お名前いつか呼んでね！
　この「まちがえる」という行為で気がついたのですが、このぐらいの年齢（3，4歳）でも自分がちょっとみんなと違う動作をしてしまったり言ってしまったりした時に、私の「えっ？！」という反応を微妙に感じとるのか、すごく「恥ずかしい」と思うらしく、しおれてお母さんの後ろへ隠れたり、「あー間違えちゃった、どうしよう」とでも言うようにお母さんの反応を確かめる子どもが実に多いんですね。そうかと思うと広樹くんのようにわざと歌の中で"up"と手を上に上げる動作のところを"down"の動作をして回りの子を混乱させたりして、困惑している私の反応を楽しんでいる子もいるんです。それらを見ていると、子どもたちは先生である私の一挙一動を見て、反応の変化を非常によく捉えていることがわかりました。ですから、こちらがかわいいと思って「くすっ」と笑ったりしたことでひどく傷ついたり、怒っていながら実は真剣に怒っていないことを見透かしてわざと意固地になったりするなど、子どもたちは様々な反応をします。こうしたことからも感情表現は慎重にしなければいけないのだなあ、と改めて思いました。

✣ そっくりでショー
——2〜3歳児のクラス③

　50分レッスンの大部分は、ある特定のテーマに沿って歌やチャンツ、絵本の読み聞かせが展開され、半年ごとに「ご挨拶全般」、「食べることや食べ物」、「遊び」、「お友達」と変わります。ここでは「ご挨拶全般」のレッスン風景を見てみましょう。

おっはよう！　起きて起きて！
　朝起きた時のご挨拶"Good morning"。これはうさぎちゃんと

そのお母さん(パペット)を用いて朝の風景を演出します。お母さんは,寝ているうさぎちゃんに優しく呼びかけます。

〈Hoppyを床に寝かせタオルをかけてあげる。右手に少し大きめのお母さんうさぎをつけて〉
 私:Wake up, wake up! It's time to get up.
 (起きて起きて! 起きる時間ですよ!)

この"Wake up"の部分は,決して「ウェイクアップ」ではなくあくまで「ウェイカップ」としてゆする動作を付けながら聞かせ,子どもたち一人一人にも起こしてもらいます。

 広樹くん:〈力一杯うさぎちゃんを叩きながら〉ウェイカップ!ウェイカップ!
 勝くん:〈優しくゆするように〉ウェイカップ!
 優美ちゃん:〈うさぎちゃんを引きずり出して頬ずりするのみ〉

といろいろな起こし方をしてくれます。
 レッスンの中では「チャンツ」というメロディがないリズム歌(今風でいうと感覚的に「ラップ」に近いものでしょうか)をよく使うのですがラップほど早くしゃべらずあくまでタンタンタンといったリズムに乗せて歌われるので,より話し言葉に近い形で覚えてもらうことができます。上記の一連の言葉もこのチャンツで使われている言葉です。レッスンでは英語の歌を覚えるのが目的ではなく,あくまで「英語のリズム」を体験してもらうことが第一なので,歌もチャンツも全てただ歌を歌うのではく,必ずそのリズムと強拍に合った動作(踊り)が付くのが特徴です。

物語を聞く時の表情は真剣そのもの

絵本にわくわく！

　テーマに沿った短い物語を英語で読み聞かせる時間もあります。私の回りに座る子どもたちは毎回同じ物語でも興味津々といった様子で聞き入ります。各々のページは短いフレーズで構成されていますので，家でもお母さんが読みやすいようになっています。主人公はいつものうさぎちゃんです。

　私：〈絵を指さしながら〉Who's this?（または）What's this?
　数人：Hoppy.
　数人：うさちゃん。

日本語での絵本の読み聞かせの時によく，「これはだあれ？」ですとか「これなあに？」と問いかけながら進めますよね。英語の場合も同じように問いかけと答えを繰り返しながらお話を進めていきま

す。ここでも初めの頃は"He is Hoppy."と答えを提示してあげるのですが，次第に子どもの方から問いかけに答える，という反応が見えてきます。

　私：Now, who's this?
　明奈ちゃん：うーんと Mommy。

次第に他の登場人物や物に対しても「えーっとなんだっけ」と英語で答えようとしているのがうかがえてきます。つまり，私が話しているのは「英語の質問」なんだよ，ということが徐徐に理解できてくるということなのです。たまにお母さん方が子どもに「それなあに？」と横からおっしゃることがあるのでそれで理解している場合もありますが，何回も同じイントネーションでQ&Aの対話を繰り返していくと，自ずと「質問されている」と理解してくるのではないかと思います。こういう理解力・推察力は年齢が上がるにつれさらにアップするようですね。

　絵本を読み聞かせるにあたり重要なことは，やはりリズムカルできれいな発音で聞かせてあげること，また声色や表情にオーバーに変化をつけて読んであげることです。

　一人っ子ですが人見知りをすることがなくいつもピョンピョンはね回りとても元気がいい良太くんは，その声色の変化までも見事に真似をする子で，ゾウの場合は少し低めの野太い声，うさぎさんの場合は高いかわいい声というように「よくまあここまで」というぐらいそっくりに口真似します。ただ他の子がふざけて言った日本語までも真似をして「おいもしゃーん！」などと喜んで大きな声で叫ぶのが「たまにきず」ですが…。それでも子どもは聞いた通りのことを上手に吸収していくようで，本当に物まねの天才だということがよくわかります。

❋ へえーそうなんだ！ 不思議１
——２～３歳児のクラス④

　ここで一つ思わぬことを発見したのですが，主人公以外の動物や物を指した場合は，例えばそれがゴリラやゾウの場合，毎回言って聞かせているにもかかわらずなかなか子どもたちは"gorilla"や"elephant"とは言えないようです。このクラスではあえて単語の発音練習はしないのですが，「お友達」のテーマの中で扱う歌の中でゴリラやゾウが登場するのでその時に口にする機会はあります。ですから発音できないというより３音節以上の単語はこの頃の子どもにとっては言いにくい言葉なのではないかと思います。また，英語のgorillaは日本語のゴリラとアクセントの場所が異なりますし，elephantは"l"と"ph"の音が出しにくいということもあるのでしょうか，12人のうちこの言葉が言えるのはせいぜい４人ぐらいです。逆に"I'm ready（お友達のテーマ）"の"ready"はいとも簡単に言えますし，"It's rainy（同じ）"の"rainy"はだいたいの子がきれいな発音で言うことができるので，２音節程度の短いことばやフレーズは一番聞き取りやすく言いやすいようです。

　"Wash your face"という物語の表紙にはタオルのイラストが描かれているのですが，ある時，他のお話と同様に質問をしながらお話を進めていました。

私：What's this?
剛くん：タオル！〈まだ入会して日が浅い〉

彼は色白でまだ日本語も舌足らずですが，男兄弟に囲まれているせいか負けずぎらいで，いつも大きな声で元気よく答えてくれます。その時，

第３章　クラス風景と子どもたちの変化

雄介くん：違うよ。「タオー」だよ。英語で言わなきゃ。

と剛くんより入会が半年以上早い先輩格の雄介くんがすかさず，彼の「発音」を直したのです。もうこれを聞いた時には「おー素晴らしい。手塩にかけて育ててきた甲斐があ，ううう（涙）。」と思わずにはいられませんでした。口元をよく見せはっきりとした発音で聞かせている甲斐があるというものです。また同じように"Pumpkins! Pumpkins!"という物語も"What's this?"と進めていましたら，

　　広樹くん：Pumpkin!
　　〈続けて，ちょっとうさんくさそうにボソっと〉
　　うーん，かぼちゃに見えるけど…。
　　私：Yes! It's the same!（そう！　同じだよ）

と言いながら「子どもって別の呼び名がある物は，通常知っている物とは別の物だと思っていることもあるんだ」と妙に感心したものです。彼の頭の中では，「かぼちゃ」という日本語は，もしかしたら英語と同じ部類の別の言葉だと思っているのかもしれない，と思うととても不思議です。他の野菜や果物では，なんの疑問もなく"Apple"や"Tomato"と言っているのですが，かぼちゃの時だけそう思ったのはなぜなんでしょうね。

✽ 子どもの耳はウサギの耳
　　——2〜3歳児のクラス⑤

　テーマに沿った歌以外にも，跳んだりはねたりしながら歌う歌もあります。この年代の子どもたちは，手や足の細かい動きは苦手で

すが，jumpしたりtapしたり歩き回ったりするのが大好きなので，それらの動きを取り入れた歌がたくさんあります。

　例えば，うさぎさんの真似をしながらhop, jump, stampをする歌。アクセントを意識させながら身体で表現していきます。個性豊かなちびっこうさぎたちが所狭しとはね回る様子は，本当にかわいいものです。ただしまだhopは難しいらしく勝くんは「できないよ〜」と泣きそうになりながらもがんばって跳ねてくれます。この歌に関しては，ソングブックにあるこのページを使いながらまたQ&Aの形でお話してみます。

〈まず始めにどのページにうさぎがいるか探してもらう。パラパラとページをめくりながら〉

私：Where's the bunny?

明奈ちゃん，広樹くん：〈競いながらこの歌のページを探し当てる〉

導入はソングブックで……

私：That's right! Now how many bunnies are there? Let's count, one, two, three...

明奈ちゃん，広樹くん：One, two, three, four...

恐らく数の数え方を家で練習しているのでしょう，少なくとも10までは言えるようで他の子どもたちのリーダーになって数えてくれます。こういう子どもたちを目の当たりにすると，まだ数を言えない子どもたちのお母さん方は心配なさるかもしれませんが，わざわざ言わせる練習をする必要はなく，例えばお菓子の数を数えたり，階段の段数を数えたり，鬼ごっこをした時に英語で数を数えたりするなど何気ない遊びの中で体を動かしながら言う程度で構わないと思います。今の時期はお母さんが積極的に言う言葉を「聞く」時期ですので，たくさん聞かせてあげることを心がけて下さい。

私：Now, what color is this bunny?
子どもたち：(？？？？)
私：It's pink.
宏明くん：これ何？
私：It's a bird.
宏明くん：これは？
私：It's an apple. OK, now, how many apples are there? Let's count!

日本語で聞いてくる子どもに対しても，全て英語で答えるというダイレクト・メソッドの姿勢はあくまで崩さず，その質問をうまく利用しながら話を進めていきます。英語で答えても子どもは「わからない」と思わず英語でも「答えてくれている」と理解し，「これはアポーなんだ」とちゃんとわかってくれるようです。前述しました

ように、この場では数の数え方や色の言い方の練習というものはしません。数や色は4歳、5歳になってからたくさん覚えますので、ここでは話の流れの中で聞き覚えのある表現として記憶に残ってくれればいいなという程度の紹介にとどめ、無理に言わせたりはしないのです。それは今のこの年齢は、単語を覚えるなどの知的学習をさせる時期ではなく、英語のリズムに慣れさせることが効果的な感覚的吸収力の高い時期であるという「適期」に基づいた教育・指導が大切だと考えられているからなのです。

　しかし、そうは言ってもこの年齢グループの2年目の終了時頃になると、かなりの数の単語を自然に覚えてしまうので、前述したようにあえて言い方の練習などしなくても子どもたちの口からポンポンと言葉が出てくるのは事実です。果物や野菜、飲み物などのピクチャーカードを見せると、もう「トマト」「ポテト」と日本語発音でいう子は一人もいなくなり、きれいな「英語発音」で答えてくれます。

　ある時ちょっとしたゲームをしてみました。

〈今まで歌に出てきた食べ物・動物などのピクチャーカードをたくさん床に並べて〉
　私：Where's onion?〈額に手を当て、探すジェスチャーをする〉
　明奈ちゃん：〈さっと見つけ、渡してくれる〉はい。
　私：Very good! Now where's water?
　広樹くん：〈横取りされまいと必死にとって渡してくれる〉ひろき、わかる！
　私：Great!

またミニチュアのフルーツや野菜などのおもちゃを使った遊びでは、

〈かごの中には色とりどりのフルーツや野菜が2個以上入っている。それをかきまぜながら〉

私：O.K. Yusuke, please find apples.

雄介くん：〈かごの中をかきわけて全てのリンゴを探しだしてくれる〉

私：Good! How many apples are there?

雄介：Three.

いつの間にか"How many～"と聞かれると数を数えるんだということを覚えたようです。もちろんこのレッスンの間だけで身につくわけではなくお家でもお母さんと一緒に言ってみたりしていると思いますし，言えない子どもには"Let's count!"と言って，数え方を聞かせてあげていますが，繰り返し言ってきた表現は着実に子どもたちの頭の中に浸透しているようです。色に関しても，時々絵

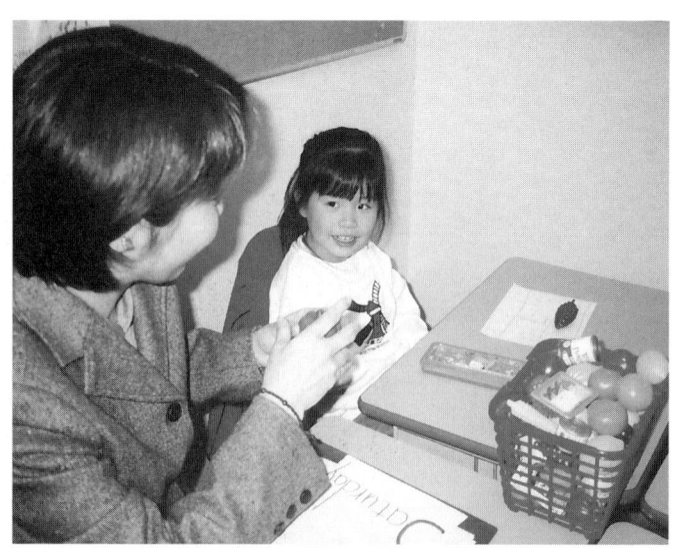

ミニチュアフルーツは必需品

本の読み聞かせの時に使う小さなボックス型のカラフルなイスがあるのですが,

〈イスを渡しながら〉
　私：This color is yellow. This color is blue.
と聞かせておいて,お片づけの時に試しに,
　私：Clean up time! OK. Yellow chair!
と言うと,そのイスを持っている子は正確に聞き取って持ってきます。さらに驚くのが,
　私：Story time! Let's use the chairs. OK, Hiroki, which color do you like?
　広樹くん：ひろきは green!
　私：How about you Akina?
　明奈ちゃん：Red!
お話が終わってお片づけの時に,
　私：Clean up time!
　〈いすを持ってくる子どもに向かって〉
　What color is this? 〈いすを示しながら〉
　勝くん：Blue.
　私：Yes, it's blue, good. Tomoko, what color is your chair?
　智子ちゃん：Yellow.
　私：That's right! It's yellow. Very good.

おそらく"color"というのは「色」のことで,この言葉が出てくると色のことを言えばいいんだと正確に理解されているということです。何回も言うようですがこれらの全ての会話はあえて練習したわけでも日本語に訳したわけでもなく,自然に話の流れの中で感覚的に覚えられたものなのですよ！

カラフルなイスには動物などのピクチャーも

※ Love はラヴ，なんだよね〜
——2〜3歳児のクラス⑥

　このクラスでは半年ごとのレッスン最終日にミニ発表会を開き，今まで習ってきた成果をみんなに披露しましょう，ということで一人一人中央に出てきて一人もしくはお母さんと二人で歌って踊ってもらうようにしています。

　私：OK, Masaru, what are you going to sing?（勝くん，何歌うの？）
　勝くん：Bunny!〈"Hop like a bunny." と言っているつもり〉

この時子どもたちは発表する歌を自分で言うのですが，たいがい歌の一部かその歌に出てくる単語を一つ言うだけなので「あーあの歌

ね。」と記憶を探って（時には私が聞き取れないこともあるので，気の毒ですが何回も聞き直して）曲をかけてあげます。

　私：Now Akina, it's your turn. What are you going to sing?
　明奈ちゃん："I Love You Mommy"
　私：Great! Here comes the music!

この歌は難しい振りがなく，お母さんに抱っこをしてもらいながら歌う単純な歌ではありますが，「ラヴ」の発音の正確さもさることながら，最後まで一人で見事に歌い切りました。

　私：Oh, that was wonderful! Now Tomoko, what are you going to sing?
　智子ちゃん：Let's take a bath. 〈うわー，きれいなイントネーション！〉

智子ちゃんも歌の題名そのものを実に見事な発音で，ちゃんと私にも聞き分けられる正確な英語で言うことができました。智子ちゃんはもともとリズム感がよく踊りも上手でしたが，"Let's take a bath."とリズミカルに言った時には，「うーん。やっぱり耳がいいんだ！」とひたすら感心したものです。ただここで注意して頂きたいのは，この時点で明奈ちゃんも智子ちゃんも，既にこのコースを1年半以上やってきているので英語にもレッスンにもすっかり慣れており，かなりの数の英語を教室でも家でも聞いているはずなので，このようなすばらしい成果を発揮できたのだろうということです。子どもの習得能力や速度は子どもによって様々ですし，ましてや入会したばかりの子が魔法のようにすぐにペラペラになることは決してありませんので，「うちの子はなかなか英語を話さなくて」

第3章　クラス風景と子どもたちの変化

なんて,あせって心配することは全くありません。まさに「継続は力なり」で,こんな小さな子どもたちにもあてはまる格言だと確信しています。

このように2〜3歳児の子どもには,様々な歌やチャンツを耳で「聞き」,英語のリズム感をたっぷり体得してもらうことによって「話す」素地を作っていくのが一番なのではないでしょうか。

続いて4〜6歳児のクラスを見ていきましょう。

✻ コミュニケーション はじめのいーっぽ
　　——4〜6歳児のクラス①

この頃の子どもたちは,日本語の方もかなり話すようになりますし,とにかく話すことが大好きな時期ですので,その旺盛な好奇心に合わせるように英語も少しずつ「話す」方向へと導いて行きます。

このコースもやはりテーマソングからスタートします。「みんなで楽しく,英語で歌って,英語で遊びましょう」といった内容の歌です。それから2〜3歳児のコースと同じようにご挨拶的な歌(お名前を呼ばれる,相手の名前を聞くなど)が続くのですが,異なるのは,徐々にメロディーがはずされ「話し言葉」へと移行する点です。また,アルファベットの文字も紹介され,将来の「読む」「書く」への準備を少しずつ行っていきます。さらに英語圏の子どもたちに親しまれているマザーグースの編曲も多数導入し,「韻をふむ」英語詩独特の言葉遊びをリズムにのって体験していきます。それではレッスン風景をみていきましょう。

お名前教えて！

「相手の名前をきき，自分の名前を言えてお友達になる」ことを目的とした活動"Hello"。2～3歳児のクラスと異なり，まず言葉の掛け合いから始めます。

〈私とお母さん方の掛け合いで見本を見せる〉
私：Hello mothers, hello!
母：Hello!
私：Hello!
母：Hello!
〈今度は子どもたちに向かって手を差し出しながら〉
私：Hello kids, hello!
子どもたち：Hello!
私：Hello!
子どもたち：Hello!

"Hello, everybody."と同じように続けた後はロボットの"Bebee（ビビー）"（パペット）を登場させます。

〈ロボットっぽいビビーの声色も出し，一人二役〉
Bebee：Hey! Don't forget about me!
私：Oh, hello! What's your name?
Bebee：Hello. My name is Bebee.
私：Hello Bebee. Nice to see you.〈握手をかわす〉

子どもたちはこの一連の会話と動作を興味深く聞いています。

Bebee：My name is Bebee. My name is Bebee.

私：Let's say hello to Bebee. Hello!〈もう片方の手を振りながら〉
　子どもたち：Hello!
　Bebee：Hello!

今度は各々の子どもの所へ行き，直接子どもの肩に強拍でたたいてリズムを感じさせながら，モデルをしっかり聞かせてあげます。

　私：〈タン，タンとたたきながら〉My name（タン）is Hiromi（タン）.

「自分の名前を言う」ということをわかってもらうために，各々の名札を指し一緒に"My name is Hiromi."と言ってあげます。そしてようやく歌の導入に入ります。

〈歌に合わせた身振りをしながら〉
　私：Hello, hello, what's your name?
　私と綾子ちゃん：My name is Ayako.×2
　私：Hello, Ayako. Nice to see you.〈握手〉
　綾子ちゃん：Hello, hello, hello.

歌の中でも聞く方，答える方とパートが分かれていますので，最初は全てのパートを私が動作を付けながら歌い見本を見せ，名前のところでは子どもと一緒に歌ってあげます。徐々に一緒に歌う部分の声を小さくしたり身振りだけにして，子どものパートを受け渡していきます。

私が子ども一人一人へ

⇩

クラスが一人一人へ

⇩

一人が一人へ

と挨拶を展開していきます。この歌は，子どもたちもかなり好きなようで，特に "Nice to see you." の部分では相手の子とみんなで握手をするので，子どもたちは相手の子の手をまさしく「取り合い」，もみくちゃになりながら楽しそうに挨拶を交わします。基本的にどの歌も，

講師のみ（見本）

⇩

講師とクラス（模倣及び分担）

⇩

クラスのみ

⇩

グループ対グループ

⇩

グループ対個人

⇩

個人対個人

という段階を踏むのですが，講師の真似をして大勢と一緒に歌えるところから一人で歌えるところまでになると最終的にはメロディーをはずして「話す」こと「会話する」ことへと到達させます。このコースの歌は基本的に初めてメロディーをはずした時にもスムーズ

に「話す」方向へ移行できるように，
 1．比較的短い言葉（フレーズ）
 2．会話調
 3．アクセントはそのままで OK
と工夫されていますので，無理なく実にリズムカルな強弱のはっきりした「話し言葉」として話すことができるようになります。

 ぽっちゃり体系でゴムまりのように元気が良く大きな声の広美ちゃんは，少しみんなより年齢が上だということもあるのですが，みんなの良いお手本になってくれます。ダイレクト・メソッドである以上，日本語での説明はいっさいしないということと，あらかじめ「先生のまねをしっかりしてね！」と言ってあるので，時には問いかけられているのにもかかわらず，問いも答えも両方言ってしまう子がいます。そんな時は広美ちゃんを相手にした受け答えの見本を見せると，すぐにわかってくれます。

〈春子ちゃんに向かって〉
私：Hello. What's your name?
春子ちゃん：What's your name?
私：〈ちょっと首を横に振りながら "Listen!" と耳に手をあて小声で言い，もう一度〉
 Hello. What's your name?
私と春子ちゃん：My name is Haruko.
私：Very good!
 〈今度は広美ちゃんに向かって〉
 Hello. What's your name?
広美ちゃん：My name is Hiromi.
私：Hello, Hiromi. Nice to see you.〈握手を交わしながら〉
広美ちゃん：Nice to see you.

〈再び春子ちゃんに向かって〉
私：Hello. What's your name?
春子ちゃん：My name is Haruko.
私：Good! Hello, Haruko. Nice to see you.
春子ちゃん：Nice to see you.

　この時なかなか一人では恥ずかしくて言えない子も出てきますので大勢で言うことを繰り返し, その子が自信を持てるまでは強制的に言わせるようなことはしません。
　日本語をまったく介さないダイレクト・メソッドという教え方は, 確かに細かい部分は伝えきれないことが出てくることもありますが, 上記のように多少理解の早い子をお手本に見せたり, 私自身のオーバーなジェスチャーやお母さん方のお手伝いをお借りしながら進めていきますので, 子どもたちは頭の中が「？」でいっぱいになることはなさそうです。私自身注意しているのは, なまじっか英語が話せるとつい説明口調になってしまいがちなので, なるべく短い言葉で簡潔に, モデルをしっかり見せながら理解してもらうようにしています。

お返事してね

　続いて「名前を呼ばれたときに返事をする」ことを目的とした歌。この歌もパートが分かれていますので,「名前を呼ばれたら"Here!"だよ」というモデルをたくさん聞かせてあげますが, その前に歌詞の一部である"All together"の部分も正しいリズムで言ってもらうために, 歩きながら繰り返し"all together, all together"と呼びかけ, 子どもたち自身にもリズムを感じ取ってもらいます。

第3章　クラス風景と子どもたちの変化

オーバーなジェスチャーが子どもの理解を助ける

〈リズムを取りながらマーチング〉

私：All together. All together. Daisuke. Daisuke. All together.〈言いながらみんなを集める〉

私：〈輪を作りながら〉All together. All together.

私，子どもたち：All together. All together.

私：Daisuke. Here! All together.〈返事をするという見本を見せる〉

私，子どもたち：All together. All together. We are here all together. All together. All together.〈この部分は最初は子どもたちと一緒に歌うが次第にパートを受け渡していく〉

You and me. Side by side.〈私のみ〉

All together. All together.〈一緒〉

〈子どもの側へ行きながら名前を呼び，一緒に返事をする〉

Daisuke. HERE! Hiromi. HERE! Ayako. HERE! Saki.

HERE!
 We are here all together.

出欠代わりにもなりますので，手をあげて大きな声で返事をしてもらいます。前述の歌もそうですが，必ず子どもたちだけで私の名前を聞いたり呼んだりしてもらって，みんなで参加しているんだよという意識を持ってもらいます。

　天然パーマがかわいらしい大輔くんは，教室中に響くくらいの元気な声で「ヒアー」と返事をしてくれます。生徒ではないのですが妹の祐子ちゃんもお兄ちゃんに負けずに張り切っています。特にテーマソングの"Hip Hip Hooray!"が流れ出すとゼンマイ仕掛けのお人形が突然動き出すように手をたたき始め，小さな拳を元気よく振り上げ"Hip Hip Hooray!"と歌う姿は，「もうかわいくて食べちゃいたい！」と思うほどです。下の子が妹の場合，やはり上のお兄ちゃん・お姉ちゃんと一緒に教材のCDを家で聞いているのでしょう，直接教えていないにもかかわらずかなり上手に真似をしていることが多いのです。帰る時も必ず私に"Bye-bye!"と挨拶してから部屋を出ますし，時にはお兄ちゃんよりがんばっていることもありますので，「妹パワー恐るべし」で兄弟のお互いへの影響力の大きさにしばしば驚きます。

　これらの歌は毎回クラスの始めに行うご挨拶ですので，子どもたちのほとんどが歌詞を丸ごと覚えるようです。自分の名前を言ったり呼ばれたり，お友達と握手をしたり，本当にコミュニケーションの初歩的な段階ですが英語を使って相手と触れあうことの楽しさを違和感なく受け入れているように見受けられます。

"Hooray!"

✤ 俵のねずみがパン食って squeak!?
——4～6歳児のクラス②

　前述したマザーグースの歌ですが，韻を踏むという規則性が子どもたちにはとても言いやすく歌にするとさらにリズムカルに強勢の有無がはっきりわかり，英語のリズムが身に付きやすいものになります。2年間のコースの中で数多く扱われていますが，その中のいくつかを紹介し，子どもたちが覚えていく過程を見てみましょう。

　"Hot Cross Buns"——これは，焼きたてのパン（丸いロールパンに近いもので十字のような刻み印がある）を売り歩くパン屋さんの呼び声の歌なのですが，3拍のリズムにとても乗せやすく歌そのものも4行と短いので子どもにも覚えやすい歌の一つです。まずこの歌を覚えるにあたり，中心となる"Buns"の言葉をその破裂音［b］の特徴を際立たせ，みんなで3拍のリズムを打ちながらパン

Hot Cross Buns

> Hot cross buns.
> Hot cross buns.
> One a penny, two a penny.
> Hot cross buns.

屋さんになったつもりで歩きます。

【Buns（タン），タン，Buns（タン），休み】×3
【Buns（タン）for（タン）sale（タン），休み】

この"Buns"の部分を"Hot（タン），タン，Buns（タン），休み""Cross（タン），タン，Buns（タン），休み"の組み合わせへと変形させ，次第に元の歌に近づけていきます。歌い方の工夫としては，忙しそうに歌ったり，おっとりと歌ったり，めんどうくさそうに歌ったりとバリエーション豊かにいろいろなパン屋さんに成りきって歌いますので，単純な繰り返しと違い子どもたちは喜んで生き生きと真似をします。十分一緒に歌えるようになったら，交互に歌ったりしながら講師の歌う部分を少なくしていきます。この歌は"ドレミ"に置き換える手遊び歌の一種でもありますので，顔の所で手信号的な振り付けをつけて遊ぶこともできます。また，日本のわらべ唄である「ずいずいずっころばし」のように輪を作り一人が

第3章 クラス風景と子どもたちの変化

鬼になって手のひらを上に向けて出している子どもたちの手にポンポンと触れながら歌い、歌の最後に止まった所の子どもは焼き上がったバンとして手を引っ込めてもらう、といった遊びもできます。この歌はこの他にもいろいろな遊びやゲームに応用できるので、子どもたちがちょっと口ずさむにはちょうどよい長さとリズムが備わった優れ物です。

❄ へえーそうなんだ！ 不思議 2
——4〜6歳児のクラス③

"Head, Shoulders, Knees and Toes"という歌は体のパーツを覚えていく歌で、子どもたちが大はしゃぎで歌う歌の一つなのですが、頭からつま先まで体のいろいろな所に触れながら歌っていきます。この歌はパーツの名称を理解してもらうことが目的ですので、前述した"Hot Cross Buns"とは若干異なる教え方をします。基本は、見本⇒模倣⇒分担と同じですが、ものすごく早く歌ったり、パーツを順番通りでなくバラバラに歌ったり、組み合わせを変えたり、あるパーツを歌わないでぬかしたり、とゲーム性の高いおもしろい歌です。リーダーの広美ちゃんはここでもリーダーぶりを遺憾なく発揮してくれます。

私：Now, let's sing the 'Head, shoulders.....' song. Are you ready?
広美ちゃん：Yes!
私：OK. One, two, ready go!
広美ちゃん：ヘーッショルダーニーゼントー、ニーゼントー。
私：〈ん？　語尾がぬけてるところがあるぞ！〉
　　Head, shoulders, knees and toes, knees and toes.

Head, Shoulders, Knees and Toes
(ヘッデュ, ショウダーズ, ニーゼントーズ, ニーゼントーズ。)
〈ちょっと強調しているんだけどわかるかな〉
広美ちゃん：(相変わらず)ヘーッショルダーニーゼントー, ニーゼントー。

この歌の中には, head のような単数と knees (この他に eyes, ears) のような複数で現れる言葉が出てきますので, 一応その違いもわかるようなるべく最後の"s (ズ)"を強調するのですが (もちろん不自然に聞こえない程度), 語尾をはっきり言わない英語の特徴に慣れてきているせいか, この歌の場合"s (ズ)" (Head の語尾も) をはっきり言える子どもはあまりいません。彼女についても聞き取りにくい部分があるらしく, 何回聞いても語尾の音が消えてしまうようです。"Knees and toes"は「ニーゼントー (ズ)」,

第3章 クラス風景と子どもたちの変化　103

"Eyes and ears and mouth and nose"は明らかに「アイゼンイアーゼンマウセンノー（ズ）」とつながって聞こえますからメロディーをはずして文として発音する時に個々に"s（ズ）"があることはなかなかわからないようです。ただここでは単数, 複数の勉強を特に目的としているわけではないので, 組み合わせ（〜and〜）を変えたりするおもしろさを体験し, それらを言うことができればいいでしょう。このコース2年目以降に習う機会がありますので, ことさらここで心配する必要はないように思われます。

また,

(歌の続き)
広美ちゃん：アイゼンイアーゼンマウムエンノー。
私：〈マウスがマウムになってるなあ〉Eyes　and　ears　and　mouTH and nose.

"Eyes and ears and mouth and nose"の"mouth"がどうしても「マウム」に聞こえるらしく毎回そのように歌っているのを耳にしました。その時は敢えて訂正はせず, ゆっくりと少しだけ"mouth"を強調しながら歌ったり, 復習をする時に各々のパーツを正しく言って聞かせてあげました。最終的にメロディをはずしてパーツを言う段階になった時には, きちんと言えるようになりました。子どもでもやはり歌になると"th"のような語尾は聞き取りにくいか全く聞こえなくなる場合があるようです。

この他にも"Sally Go Round the Sun", "One, Two Buckle My Shoe", "Twinkle Twinkle Little Star"など数多くの歌を取り入れ, 前述の二つのような段階を踏んで覚えていきます。

Lesson Flow

4〜6歳児のクラス 第3章「クラス風景と子どもたちの変化」

1 Hip Hip Hooray! ── テーマソングで元気良くスタート。

2 Hello ── 相手にお名前を聞く歌,ご挨拶。

3 We Are Here All Together ── 出欠代りに一人一人の名前を呼ぶ歌。"Here!"とお返事。

4 Alphabet ── 新しく'L'と'M'を習う。テキストの絵を塗って確認。

5 Teddy Bear ── 有名なテディ・ベアの歌の導入。Q&Aからひと通り歌の紹介。模唱から部分唱・分担唱へとつなげる。

6 The Farmer in the Dell ── お母さんも参加で,それぞれ役を分担するサークルゲーム。

Lesson Flow

4〜6歳児のクラス 第3章「クラス風景と子どもたちの変化」

7 Color Game —— カラーカードと椅子を使うゲーム。配られた色が呼ばれたら "Stand up." "Sit down." を繰り返す。

8 Sticker Time —— アルファベットシールをそれぞれのノートに貼る。

9 Good-bye Song —— お別れの歌。

❊ 抱腹絶倒　お買い物ごっこ
——4〜6歳児のクラス④

　マザーグースの歌の中には物語的な要素を持ったものもかなりあり，それらは絵本の読み聞かせの題材として用い，時には劇のように役割分担で演じたりもします。そうすることにより「話す」ことをより一層深め，やりとりの楽しさを味わってもらうことができます。

　マザーグースの歌と関連してあるいは独立してオリジナルの曲もたくさん使われています。数を数えたり食べ物の名前を覚えたり，また「ごっこ」遊びもできる歌の一つに，このコースの2年目に習う"Shopping Song"があります。この歌はお店屋さんごっこを通して「何」が「いくつ」ほしいのか相手に伝え，もらった時にお礼が言えることを目的としています。ここでは，1年目ではさほど意識させなかった複数の言い方をピクチャーカードやミニチュアフルーツ（おもちゃ）を使って練習します。各々のカードの表にはこの歌に登場する果物や野菜が1つずつ，裏には複数描かれています。

　私：OK, kids, what's this?
　子どもたち：Apple.
　私：That's right! How many are there?
　子どもたち：One!
　私：Yes. One apple.〈絵を裏返しにして〉Now how many apples do you see?
　子どもたち：Three!
　私：Great. Three apples.

"One carrot, two carrots", "One apple, three apples" とカードの表裏を返しながら「ツ」や「ズ」の違いを何度も強調しながら聞かせ,一緒に言ってもらいます。新しい単語などはその都度,手で拍子をとりながら（アクセントの位置に気をつけさせながら）発音練習を行います。ワークブックの中にも「お買い物リスト」があり,"5 eggs" "6 potatoes" などと書かれた右側にその数だけその物のシールを貼って言い方の練習をします。

> 私："Look! It's a shopping list. Let's put the stickers on the right side of the list.
> Now, the first one says 3 **tomatoes**. Can you find tomatoes? Please find 3 **tomatoes**."
> （トマトはどこにあるかな？　3つ探してね。）
> 子どもたち:〈一生懸命シールシートからトマトをはがしてリス

お買い物リスト

トに貼る。パッパッと貼る子，丁寧に一枚一枚きちんと並べて貼る子とそれぞれ個性豊か〉
私：〈一人一人チェックしながら〉Very good! Kimiko, how many tomatoes are there?
　　〈うわー，いつもながらきれいに貼ってある〜，うっとり〉
希美子ちゃん：Three.〈あんなに舌足らずで小さかった希美子ちゃんがねえ〜。大きくなったなあ。はっ，いけないいけない〉
私：Ye-yes, 3 **tomatoes**. Let's say it together. Ready go!
全員：3 tomatoes.
私：Great!

これをリストに沿って絶えずQ&Aの形をとりながら進めていきます。ここで気になったのが，日本語では「じゃがいも」はいくつあっても「じゃがいも」であり「6個のじゃがいもたち」といった変化はしないわけですから，英語では複数になると言い方が変わるという規則が，説明なしにすんなりわかるのだろうかということだったのですが，今まで練習した言い方は真似ができても例えば「じゃがいもが7個」を練習なしに"7 potatoes"と「ズ」をつけて言えるかどうかを見てみると，

　〈ピクチャーカードやおもちゃの野菜類を見せながら〉
　私：Now, how many potatoes are there?
　子どもたち：セブン　ポティトー！

と元気良く答えます（トホホ）。もっといろいろな数で言う練習が必要ですし，もう少し年齢がいったら理解してもらえるのではないかと思いました。

えー，もうおしまい？？!!

　レッスンの中では「お買い物ごっこ」をする際，お買い物をする子とお店屋さんになる子とそれぞれの役に扮してもらい，ちょうど会話調になっている部分を分担して歌いながら実際にフルーツや野菜の受け渡しをしてもらいます。いつもパワフルな一郎くんは，私が指示するまでもなく，お店屋さんになるべく，さっさとフルーツと野菜のおもちゃを差し出しやすいように，きちんと種類ごとに床に並べます。お買い物をする子は，色白のお人形さんのような美奈子ちゃんです。

　　美奈子ちゃん：Hello, Mr.Grocer, hi, how are you? 〈たどたどしいけどリズムは正確だから，オッケー，オッケー〉
　　一郎くん：〈ものすごく早口でザッと〉Hello, kids! May I help you?
　　〈おっと一郎くん，歌が苦手なのはよくわかるけどさあ，一応歌ってくれるとありがたいんだけどなあ…まあ，でもメロディなしでここまで言えるんだからえらい，えらい〉
　　美奈子ちゃん：I need a carrot. One carrot please. 〈キャロットになってるけど…ちゃんと歌えているから良しとしよう！〉
　　一郎くん：〈はいよ，っていう感じで〉Here you are.
　　美奈子ちゃん：Thank you. Thank you.

このように一連の会話を歌いながら言い，お買い物をする設定になっています。みんなより少し年齢が下の達子ちゃんは，やはり女の子らしくこのお買い物ごっこがとても好きで，お母さんと一緒に本当に上手に歌いながらお買い物カゴをぶら下げて，八百屋さんに扮した一郎くんの所に品物を買いに行きました。

達子ちゃん：〈お母さんと手をつないで嬉しそうに〉Hello, Mr. Grocer, hi, how are you?〈歌が上手よねえ〉

とその時，一郎くんはもう既に何人もの子どもたちがお買い物に来て飽きてしまったのでしょうか，きちんと並べてあったおもちゃの果物や野菜をかたづけ始め，

一郎くん：はい，今日はもう閉店だよ。明日また来てね。Good-bye.

と言って店じまいを始めてしまいました。それを聞いたときの達子ちゃんのア然とした顔ったら！

達子ちゃん：〈半べそをかきながら〉ママー！〈お母さんに抱き

お母さん方の参加で，子どもたちはより安心

つく〉
一郎くん：〈回りの子に〉Pick it up.〈命令しながらさっさとお片づけモード〉
〈私は慌てながらも笑いをこらえるのに必死で〉
私：Ichiro! It's still 5：30. Don't you think it's a little too early to close your store?
　　（おいおい，一郎くん，まだ5：30だよ。お店閉めるのには，ちと早くないかい？）
一郎くん：いいの！　今日はお・し・ま・い！〈はーさようで〉

　この後，一郎くんのお母さんが「それじゃあ商売になんないでしょ。」とぼそっとつぶやくのを私は聞き逃しませんでした。
　以上のような「ごっこ」遊びは，子どもたちの普段の遊びの中でもよく見られる光景ですよね。特に「ファミリーごっこ」などは，子どもたちはお母さんやお父さんの口癖や口調をそっくりそのまま真似して役になりきりますから，私なんかは子どものうまさに感心すると同時におかしくてたまりません。当のお母さんたちはきっと苦笑ものでしょうが…。ちょっと脱線しましたが，子どもたちが何かの役になりきって言い方を真似したり動作をしてみたりすることは，彼らの成長過程ではとても自然なことだと思います。そうしてコミュニケーション社会というものを「ミニ体験」し，それらが積み重なって自分の言葉でコミュニケートする大切さを学んでいくのではないかと思います。

❋ 難しく考えなくても大丈夫
──4〜6歳児のクラス⑤

発音はそんなに気にしなくても

　数の言い方は既に1年目の"Ten Little Children"の歌で10までは習っていますのでこの頃は簡単に言えるようになっていますが、傾向として"three, four, eight"はなかなか言いにくい数字のようです。"three"はやはり"th"の音の出し方の難しさがあり、"four"はどうしても「フォー」に、そして"eight"はなぜか「エイチ」となってしまうことが多いのです。英語での数の言い方は、「ワン、ツー、スリー」と日本語の日常生活の中でも頻繁に使われる表現ですので、その日本語的発音をそのまま言ってしまう習慣がなかなかとれない子がいます。これは機会あるごとに正しい発音で言って聞かせるしかないのですが、果たして正しい発音ができるまで耳にタコができるほど練習するべきなのか、あるいは目的の数字が言えるだけで良しとするべきなのかしばしばジレンマに陥ります。講師はネイティブと同じ発音ができていると思いますので、その通り真似してほしいというのが本音であり願いです。耳がいい年代とはいえ、リズム感が多少悪い子や日本語も舌っ足らずの子がいたりと様々です。昔、某番組で某外国人（物まねだったかもしれません！）が"Look, look, look."と口の形を真似させていたようなことはあえてしたくはないですね。ただやはりお母さんたちの中には「自分ももっと発音を練習していたらなあ、と思うのでぜひ発音練習をしてほしい」という方もいらっしゃいますので、「お母さんは率先して自ら教えようとする必要はなく、子どもと一緒にCDを聞いて歌って、レッスンではしっかり真似してみてください。」と言うようにしていますが、講師自らがいいお手本となるべく、正しい発音でたくさん英語を聞かせてあげることが何よりもい

い方法ではないかと思います。

消える"It's"の謎①

"How's the weather?"という歌は，会話としてそっくりそのまま使える"It's sunny/raining/cloudy/windy/snowing."という様々な答え方を覚えてもらおうという歌です。"It's"をつけたフレーズを丸ごと覚えてもらうために，全員で歩きながらのリズム練習をたくさん行います。これは，手拍子に合わせて，

　"It's sunny."×4（タン，タン，タン，休め　の手拍子）
　"It's raining."×4（タン，タン，タン，休め　の手拍子）

フレーズごと体でリズムを感じてもらうために行います。さらに，

　"How's the weather?"（タン，タン，タン，休め　の手拍子）
　"It's sunny. It's sunny."（タン，タン，タン，休め　の手拍子）

と問いも付けたリズム練習も行います。その後は，メロディーに乗せて覚えてもらいたい"It's sunny."などの部分を私が歌ったすぐ後に模倣（模唱）してもらい，徐々に答える方（"It's sunny."のパート）を子どもたちに分担して歌ってもらいます。

　私："How's the weather?" "It's sunny. It's sunny."
　子どもたち："It's sunny. It's sunny."
　私："How's the weather?"
　子どもたち（全員もしくはグループで）："It's sunny. It's sunny."

この分担唱は，2年目にもなると「あー答える方の側なんだな」と

いう認識ができてきているようで、割合にすんなりと入ることができます。ちょっと恥ずかしがり屋の卓也くんもがんばって歌ってくれます。

　私：〈太陽が出ている絵を示しながら〉How's the weather?
　卓也くん：It's sunny. It's sunny.〈Good!〉

様々な天気の絵を見せながら言い換えの練習をし、最後にメロディーをはずして「話し」ます。これを機にレッスンの始めのご挨拶の一つとして毎回一人一人に今日の天気をきいてみます。

　私：〈もちろん話言葉で、窓の外を指しながら〉How's the weather?
　希美子ちゃん：Sunny.

メロディーをはずした直後だときちんと"It's sunny."と答えられますが、毎回レッスンの初めに挨拶がわりに聞くとなぜか"It's"が取れてしまって"Sunny"だけの答え方になってしまう子どもが多いことにこの時気付きました。同じようなことが"How old are you?"という歌でも起こりました。メロディーをはずした直後は"I'm five."と答えられるのに、後日同じように問いかけると"five"だけになってしまうのです。質問の意味がわかり、正しい答えを言っているので大きな問題というわけではありません。ただし、この傾向は小学生のクラスでも起こりやすいので、そのレッスン風景の項で詳しく書きたいと思います。

"How old are you?"

※ A, B, Cだけじゃないんだよね
── 4〜6歳児のクラス⑥

Aのつく単語はなあに？

　アルファベットに触れるのもこの時期からです。"'A' for apple. 'B' for box."とそのアルファベットで始まる物とセットで覚えてもらいます。この「セットで覚える」方法は実にいい効果を生みます。一通りアルファベットを覚えたこのクラス2年目の子どもたちと行ったゲームでは、ある単語を言って、その単語の頭文字のアルファベットを探してもらうといったことを行っています。（もちろん出題する単語は事前にセットで覚えてもらっているものです。）

　〈床にアルファベットを表にしたカードをバラバラに並べる〉
　私：Now, let's play a game. Watch and listen! Apple. …('A'

を発音せずに) for apple. 'B' for apple? ... No, 'A' for apple. Where's 'A'? Here it is! 'A' for apple.〈カードを裏返してりんごの絵を見せながら再確認〉

新しくゲームを始めるときなどは，必ず自分が見本を見せてやり方を教えるようにしています。この時も日本語での説明は一切行いません。

私：OK, class, it's your turn. Cat. ...('C'を発音せずに) for cat.
希美子ちゃん：〈真っ先に見つけて〉'C'.
私：That's right. 'C' for cat. Everyone, 'C' for cat.

このゲームは復習を兼ねて行うゲームなのですが，希美子ちゃんを始めほとんどの子どもたちは，その単語が何のアルファベットの音で始まるかを覚えていることがわかりました。この段階では子どもたちの「読む」力はまだまだ発展途上ですし，レッスンの中でもアルファベットの形に慣れてもらうように文字に触れさせている程度ですが，視覚的に「Apple は A で始まるんだよ」と単語のつづりそのものに焦点を合わせているわけではないので，たまたまセットとして聞いたことを耳で覚えているだけかもしれません。しかし，これは，後々たくさんの単語を覚えていく上で非常に役に立ちますし，単に"A，B，C"と言って練習するよりも何倍も効果的であると言えます。たまに「うちの子は3歳でもうアルファベットが全て言えるの」といった声を聞くことがありますが，アルファベットは単語になって発音が変わり，他のアルファベットと結合して初めて単語として成り立つわけですから，その発音と聞き分けができないことには単に"A，B，C"が言えるだけでは何の役にも立たないのです。

その点日本語の「あ」は単語になっても「あ」の読み方のままですから一字一字発音を覚えるのも役に立ちますが，その方法をそのまま英語にも当てはめて覚えるのはちょっと無理がある，というか，意味がないのでないかと思います。また歌にしても，知らない人はいないというあの「アルファベットの歌」も練習するにはするのですが，この「セットで覚える」歌詞を盛り込んだオリジナルのロックンロール調のアルファベットソングの方が，ちびっこロックンローラーたちの受けがよく，みなピョンピョンとはね回り大いに盛り上がります。ちなみにこのコースでは1年目で大文字，2年目で小文字を覚えるのですが，さらに上のコースになって「聞く」「話す」ことに新たに「書く」ことが加わった時の準備として，歌に合わせてアルファベットを宙に書いてみたりなぞってみたりはしても紙に書いて練習することはあまりしません。試しに実際に鉛筆で書かせてみたことがありますが，やはり字と言うにはほど遠いものでした！

苦しいときの○○ちゃん頼み

テキストには，歌のページの後にワークブック的な役割を果たすページが2, 3続いており，その歌に出てくる表現を少し発展させた応用編が載っています。それらのページは，巻末についているシールをみんなで貼りながら言う練習をしたりするのですが，ページによっては決まった場所に貼らなくてもよいものもあります。

私：You can put your stickers wherever you like.（好きな所に貼っていいよ。）
子どもたち：〈とまどいの表情で〉先生，どこに貼ったらいいの？〈日本語〉
私：〈あーわからないか〉Over here.

始めは「ここね」と指示をしてあげるのですが，それでは，個性が出ないので，

> 私：〈もうそろそろ自分で考えて貼ってもらおう！〉〈どこでもいいのよ，と示すポーズをとりながら〉Wherever you like.
> 広美ちゃん：〈なかなか指示を出さない私の意図を理解してくれて〉好きなところに貼ればいいのね。

と自ら好きな所に貼り始めました。それを見て他の子どもたちも彼女の真似をしたり思い思いの場所に貼ったりすることができました。この「わからなくても想像してみる」力は年が上がるにつれ自然に身についていくようですが，この広美ちゃんのように「想像力」がとても豊かな子どもは，単に「わからなーい」といって投げ出す子どもより英語を習得していきやすいでしょう。

今まで書いてきましたように，実際小学校に入る前の子どもたちには歌や踊りやゲームを通して，たくさんの英語を耳で聞いて親しんでもらうのが一番効果的であり，子どもたち自身もなんの違和感もなく英語を受け入れ楽しんでいる姿がうかがえます。時々体験レッスンに来られる保護者の中に「お遊戯にしか見えない」とか「何をしているのかわからない」といった声も聞かれます。また，「6歳で英検5級に合格」といったことを売りにしている英語教室の広告もみかけます。お母さんたちの思惑はそれぞれでしょうし，英語を習う目的も様々でしょうから一概に「英語を覚えるにはこの方法が一番いい」「あのスクールはだめだ」といったことは言えません。私自身の考えであり切実な願いは，長い目で見た時に幼少の頃に学んだ英語がとてもおもしろくてその気持ちが大人になってからも持続し，それがきっかけとなってその子自身の世界が広がり，異文化の人々との交流につながっていくような英語の学び方をして

活動の手助けになるシールの活用

ほしいということです。しかし本来コミュニケーションの手段であり楽しく覚えるべき英語が,「受験のための英語」という位置づけになってしまっている現実は実に嘆かわしいことであり,今までどのくらいの子どもたちが英語嫌いになってしまったことでしょう。21世紀は「何のための英語か」ということを改めて考え直す時代になるのではないでしょうか。

　さて,続いてもう少し年齢が上の7〜9歳のクラスを見ていくことにしましょう。

❀ お母さんにはちょっと難しい!?
——7〜9歳のクラス①

消える"It's"の謎②

　この年齢の子どもたちが当てはまるコースは2種類あり，一つは下から上がってきた進級コース，もう一つは初めて英語に触れる入会コースです。ここではまず進級コースのレッスン風景を考察していきます。

　この進級コースの子どもたちは短くて2年間長くて4年間は既に英語に触れていますので，明らかに聞き取る力と発音能力が入会コースの子どもたちとは違います。わからない質問に対してもいろいろ予想して聞いてきますし，言い換えるとわかる場合がほとんどです。しかしそんな子どもたちにも苦手な所はあるようです。

　レッスンの始めはお決まりのご挨拶から，日付，お天気などを聞きます。

　私：Akihiko.
　彰彦くん：Here!
　私：How are you today?
　彰彦くん：I'm fine, thank you. And you?
　私：I'm fine too, thank you. How's the weather today?
　彰彦くん：〈ちょっときょとんとしている〉?
　私：Is it sunny, rainy, or cloudy?
　彰彦くん：〈あっ，わかったという顔で〉Sunny!

実はこの彰彦くんたち進級コースは，下のコースにいた時には現在使用されているテキストが改定される前だったので，前述した"How's the weather?"の歌に触れていないのです。ですから，

第3章　クラス風景と子どもたちの変化

お天気の言い方は，ワークブックの中で初めて練習するということと，"weather" という単語が聞き取りにくいらしく，慣れるまでの1ヶ月間は言い換えた質問でないとわからないことがしばしばありました。また，答える時も下のクラスの子どもたちと同じように "It's sunny." の "It's" が抜けていることがほとんどです。日付を答える場合も "It's" が落ちることが多く，また序数につく "th" は言いにくいようです。これは恐らく，質問の意味をほとんどの場合単語から推測しており，"It's" など弱拍の部分は印象に残らず省かれてしまうのではないかと思います。質問の意味を理解し，正しい答えを言っているので "It's" が抜けていることにさほどナーバスになる必要はないとは思います。でも，もっと上のコースに上がった時にいつまでも単語のみの受け答えでは，「聞かれて答える」という一方的な会話しか成り立たず，今度は「相手に聞く」ことができなくなる可能性があるのでは？と少し懸念しています。改善するためには口を慣らすために繰り返し言う練習をし，また絶えず質問者と解答者の立場を変えながらレッスンを進めていくのが妥当でしょう。いろいろと考えさせられる現象です。

アイウエオだけじゃ足りないね

レッスンでは，CVC（母音・子音・母音）で構成された単語を読んだり書いたりする練習帳であるワードブックの宿題のチェックを行います。時々先にテキストに付随するワークブックを使うせいか私が言うより先に「"wordbook" か "workbook" かどっち？」と確認をしたがる子がいますが，すばやく言っても，'d' と 'k' の違いはきちんと聞き取れるようです。このワードブックには，例えば "hat, hot, hut" や "rug, rag" など大人には区別しにくい上に発音もしにくい単語も出てきますが，この進級コースの子どもたちは，聞いた通りの正しい発音で真似ができます。英語の発音にはた

とえば同じ「ア」でも，
1．口を大きく広げる「ア」
2．「オ」にも近いけれどやっぱり「ア」の方が近いもの
3．「ウ」のようにつまる感じで口をあまり開かない「ア」
など様々な発音があります。その一つ一つを理屈ぬきで聴覚を頼りに難なく同じ発音ができるようになるのが，子ども時代に英語に接することの強みです。また，日本語では英語で母音と言われる"A, E, I, O, U"に対となる発音は「アイウエオ」しかないので例えば"hut"のカタカナ表記をした場合'hu'の部分は「ア」の変形である「ハ」となり't'がつくことで「ハット」とつまる訳ですが"hat"の場合でもカタカナ表記は同じ「ハット」になってしまいます（まあ敢えて近い発音で書くとしたら「ハアーット」になりますけど…）。同じように"worm"と"warm"や"work"と"walk"も，「ワーム」と「ウォーム」，「ワーク」と「ウォーク」というように一見表記だけを見ると簡単な違いのように思われますが，明らかに"worm"や"work"は「ワーム」「ワーク」とは発音されませんので，聞き間違いが多く発生します（それでは意味がめちゃくちゃになりますね！）。

　日本では中学から音声指導の補助として発音記号を使いますが，それ以前に聞き分けができる幼少時代に耳で覚えてしまった方がどんなに楽かは言うまでもありません。ちなみに私も耳で覚えたくちなので，発音記号は正直なところあまり気にしたことがないのです。またカタカナ表記にしても，例えば"water"は「ウォーター」ではなく「ウォラー」に近いですし，"apple"は「アップル」ではなく「アポー」，"yellow"は「イエロー」でなく「ヤロー」に近い，など聞こえる通りのカタカナ表記ができるのであればあっても害はないでしょう。しかし，前述したように母音の発音の違いを表すのは極めて困難であり，正しい発音を学ぶ事ができま

せん。ですから、言語回路が出来上がってしまう前のいわゆる「臨界期」といわれる8歳までに英語を始めた方が、正しい発音を身につけることができるし後の苦労がなくなります。たまにテキストの余白にカタカナで発音を書こうとする子どもがいますが、聞いた通りに正確に書くことは難しく、書くことによって間違った発音で覚えてもらっては困るので、書かないように随時注意しています。

聞いて、言って、読んで覚える

下のコースで行ったアルファベットを「セットで覚える」ことを更に進歩させた"alphabet chants(チャンツ)"や韻を踏む言葉をそれぞれ集めた"rhyming words"を言う練習も毎回行います。この"alphabet chants"は"A sounds A sounds … ant, apple, ax."と、そのアルファベットが単語の始めにきた時の発音とその単語を3つずつ、チャンツ風に絵と文字を見ながら言うものなのですが、アルファベットによっては発音が2つあるものもありますので、その違いを単語と一緒に覚えてもらおうというのが主旨です。新しい単語が出てきた時にそのアルファベットの持つ音がわかっていれば、その単語はなんと「読む」のかおおよその見当がつくようになります。この時点でまだアルファベットの識別が十分に出来ていない子は、「読む」ことはまだ難しいようです。その代わりそういう子どもたちは、自分の耳を最大限頼りにしますので、その場で聞いた単語・文は上手に真似をすることができます。アルファベットがちょっと苦手な香奈ちゃんは、音楽教室にも通っているのですが、音感が優れていて耳がいいせいか真似をするのが大好きで、いつも誉められるきれいな発音に自信があって、得意げになってみんなのリーダーになりたがります。

日本人は大人になるにつれ、英語が聞き取りにくくなるせいもあるのでしょうが、気恥ずかしさや遠慮心が芽生えてきて思い切りよ

く模倣することが苦手になりますが，特に耳のいい子どもたちにはそういう羞恥心や遠慮，抵抗感が全くなく，「言ったもん勝ち」みたいなところがあって，積極的にどんどん発話します。逆に「読む」ことが上手になり，上のコースで物語を声に出して「読む」場面になると，どうしても文自体が長くなるせいか自分の目で活字を追って読もうとするので，ぶつぶつ単語ごとに途切れた読み方になり，モデルで聞かせた通りにはいかないことがしばしば起こります。そういう時は何回もリズムカルに読んで聞かせ（時には机をたたいてリズムをとりながら），子どもたちもそのリズムに乗れるようにその文を暗記してしまうぐらいのつもりで繰り返し練習させます。「小学生のうちは耳からの英語だけでいい」という専門家の声を聞くこともありますが，学年が上がるにつれ文字への興味，自分で読みたいという欲求は多くの子どもたちに見られる傾向ですので，「聞く」「話す」に比重を置きながらもバランスよく「読む」「書く」を導入していった方がよいのではないかと思います。ただ実際は，子どもの能力・習得方法も様々ですのでそのバランスが難しいところなのですが…。

このコースで使用するテキストの内容は，仲良し4人組が巻き起こす騒動や友情を描いたもので，それぞれユニットごとの物語を2ヶ月ちょっとで勉強していきます。各々のユニットには覚えてもらいたい表現（エクスプレッション）が3つぐらいずつあり，その表現を覚えるためにワークブックに書かれている4コマ漫画の役分担（ロールプレイング）を基礎編・応用編を経て最終的には自分に置き換えて言う練習をしていきます。このコースですと短い単語・文なら読むことができますが，長い文章などはまだ読むことはできないので，4コマ漫画の台詞は全て「聞いて」覚えてもらいます。基礎編・応用編と回を重ね，さらにその表現をカードゲームなどの中で定着を狙います。だんだんと意味はわかってきているのか質問

形の多いこれら表現に「答えられる」ようにはなるのですが,逆に「質問する」方ができるところまでには,残念ながらなかなか到達しません。教室内でのインタラクションはどうしても教師が聞いて生徒が答えるというパターンに陥りやすいので,私自身も一方的に質問ばかりしないよう気をつけなければならないところです。具体策としては,前述したカードゲームの中で,Q&Aの形を取ったり,インタビューごっこのように

　私→子ども1→子ども2→子ども3→子ども4→私

と順次インタビュアーを変えていくような方法を取ったりしています。

❉ 聞いて聞いて,私の英語
——7～9歳のクラス②

頭を抱えて"Oh, my God!"

　子どもというものはおもしろいもので,繰り返し言っていることですが,幼少の頃から大人の真似をするのが好きで,日本語でもお母さんの口癖をよく真似している子を見かけます。英語でも同じ事が起こり,この短いレッスンの間でも私の発するちょっとした英語をよく聞いているものなのです。私はもともとリアクションが大きいのですが,例えば"Oh, Nooo!"はよく口に出てくる言葉の一つで,香奈ちゃんなどがよく真似しているのを聞きます。

　私:OK, class, take out your workbooks please.（はい,じゃあワークブックを出して）
　香奈ちゃん:Oh, no!　忘れちゃった！

という風にうまく正しい場面で使っています。また,随分前にテキ

ストの一場面に出てきた"Oh, I messed up!"という表現を，彰彦くんは，

  彰彦くん：〈クレヨンをバラバラに床に落とした時〉Oh, I messed up!（あーぐちゃぐちゃにしちゃった！）
  私：Oh-oh.（あらら）

と自然に口に出して叫んでいました。"Oh, my God!"という表現もよくバラエティ番組などでタレントたちがふざけて使っているのを見ているのでしょうか，子どもたちも"オーマイガー"と本当にオーバーに言ったりするので，「おっ！ うまいじゃん！」などと思ってしまいます。また相づちをうつ際よく使う"Uh-uh"という言い方もおもしろがって真似します。もっと小さい子のクラスでも"Oh-oh"や"Whoops!"など何気なく使っているのを見かけます。教室で足を机などにぶつけた時も"Ouch!"と叫びますし，感嘆の言葉はあえて教えなくても子どもたちがおもしろいと思えば自然に覚えてしまうようです。

  不思議なもので，私自身既に日本での生活の方が海外生活よりも圧倒的に長いにもかかわらず，独り言で出てくる感嘆言葉は，なぜか英語の方が多いのです。例えば，テレビでバレーの試合を観ている時など，"Come on!（がんばれー！）"や"Yes!（やったあ）""All right!（いいよ！）"などは普通に，もっと興奮すると"Shoot!（ちぇっ！）""Damn!（ちくしょう！）"，さらに白熱した展開の時はいわゆる4 letter words（S○○○など）を口走ることもしばしば。もちろんそのようなお下品な言葉は，子どもたちの前では決して口に出さないように気をつけていますが，もし部屋に隠しビデオカメラを設置しておいたら，立膝で応援しているあぶない理佐先生の姿が映っていることでしょう。それほど，英語の感嘆

言葉は，自分の感情を素直に表せる言葉なのです。

課外レッスンも大変だあ

　前述した香奈ちゃんについて，レッスン中にかなり積極的に話そうとする様子を書きましたが，教室以外でもそれは変わらないようです。ある時，たまたま教室の近くにあるデパートで，香奈ちゃん親子とそのお友達親子に出くわしました。

　香奈ちゃん：あー理佐先生だあ。先生ホニャラホニャ（よく聞き取れなかったのですが，どうやらあるおもちゃのキャラクターだったらしいのですが）って英語でなんていうの？　それから看板は？　えーっとそれから手袋は？　あとね…。〈ハイパーな状態の香奈ちゃん，随分と舞い上がっている〉
　私：〈最初言ったのは聞き取れなかったのでパスして〉看板は sign，手袋は glove とか mitten とかって言うよ。
　香奈ちゃん：〈一つ一つ確認するように〉Sign, glove ええーと mitten.
　私：That's right. （うっ！　思わず職業病が…）

出くわした場所がエレベータであるにもかかわらず（しかも他のお客さんも 6〜7 人ぐらいいる），矢継ぎ早に質問をしてきて，私がその一つ一つに答えると，まるでレッスン時のように真似をするんですね。英語教室の生徒でない彼女のお友達もなんだかはりきっています。

　お友達：ABCD ... 私も言えるよ！
　香奈ちゃん：あっ，先生，挨拶言うの忘れてた。I'm fine thank you, and you?

〈おいおい私は何もたずねてないぞお。こんなところで…オロオロ〉

私は，2フロア分ほど下ったところで回りの目が気になり，本当はその階には用がなかったのですが，そろそろ退散しようと思いました。

　私：あっ先生ここで降りるからね。
　香奈ちゃん：理佐先生，ぐっばああああい！〈ちゃんと'ばあい'にアクセントをおきながら〉

と最後のとどめ。私もこの際だから羞恥心を捨て，

　私：Good-bye, see you!

格好良く言い放ち人混みに紛れ込んでいったのでした…。しかし，子どもというものは（このセリフ，何回言っているでしょう！）「英語」という魔法の道具を得てこんなにも得意満面になるものなんですね。人前で話す羞恥心がないからこそ上達も早いですし，普通の人が言えないような，またできないようなことが自分にはできるんだという「自信」が生まれてくるのは，長い人生において本当にプラスになることだとしみじみ思いました。

❋ 遊びの達人恐るべし
——7〜9歳のクラス③

白熱するバトル

　続いて入会コースの子どもたちのクラスを見てみましょう。この

コースの子どもたちは，ヤマハで初めて本格的に英語に触れるわけですが，中学で初めて触れるのとは違い，好奇心一杯，遊び心一杯で教室にやってきます。この年齢（小学1～2年）の子どもたちは，講師がやることをすぐに自分がやりたがり主役になることを好みます。

〈前述した alphabet chants の絵カードを子どもたちに提示しながら〉
私：'A' sounds 'A' sounds...
優二くん：あっ次僕がやる！〈自分が見せる側になりたがる〉
私：No, let's do it one more time and I'll be the leader.（ううん，もう一回やるけど先生がリーダーね）

最初の頃は何回もモデルを聞かせなければ定着しませんから，納得させみんなで言う練習をします。何レッスンかこなし慣れてくるとそれぞれがリーダーになるチャンスを与えるのですが，やはり嬉しいらしく得意満面になってリーダー役をこなしてくれます。

アルファベットは入会する前から少し家庭でやっていたのでしょう，大文字の半分ぐらいまでは言ったり読んだりすることができることが多いですね。チャンツの絵カードには大文字と小文字の両方が書いてありますので，耳で「聞き」，口で「話し」，目で「読んで」覚えることができます。大文字は個々の文字の形がだいぶ異なっていますので覚えやすいようですが，小文字は似たような形が多くなかなか区別がつかないようです。特に 'b' と 'd', 'f' と 't', 'g' は 'q' と 'p', 'h' は 'n' と 'u', 'i' と 'j', 'm' と 'n', そしてなぜか 'r' と 'l' もたびたび間違えられます。習得させるには，神経衰弱のように大文字と小文字をマッチングさせるゲームやワークブックのドリルを通して区別ができるよう指導することが効

アルファベットチャンツの絵カードを使って

果的です。

　優二くんと健くんは小学校が同じで大の仲良しなのですが、ライバル意識もとても強く、「○○くんこれ覚えてないでしょ」と片方がいばって言うと片方がかならず「いいもん」と言っていじけたり、もうゲームとなると激しいバトルが繰り広げられ、負けそうになると「もーやめた！」と逃げ出したり、「どうせ俺の負けだもん」と妙にクールになったり、見ている方は毎回ハラハラの連続です。英語を「ゲーム」で定着させるのも一つの方法ですが、競争心がいい意味で習得の向上に役立てばいいのですが、早くできるだけが「えらい」だとか「できる」と思わせるのも考え物です。また、ゲームばかりやっていては、本来の目的であるはずの単語やフレーズの習得がいつの間にか忘れられ、早さやおもしろさだけを追求してしまうことになりかねません。優二くんや健くんは普段から親しい仲だったので後腐れなくまた楽しそうにレッスンにやってきます

が,「ゲーム」をやるたびに憂鬱になったり負けて泣いてしまったりする子もでてきますので, 日頃から子どもたちの性格などをよく観察してその子にあった指導をすすめていかなくてはいけないと思います。

名子役誕生

このコースは, Peter という少年と彼の友達である鳥の Oliver を取り巻くいろいろなお話が出てくるのですが, ここでもやはり Peter や Oliver のセリフをかわるがわる言うロールプレイングを行います。進級コースでも見受けられましたが, この1, 2年生の子どもたちというのは, 何か自分以外の者になる(演じる)ことにとても興味があるらしく, セリフを覚えるのが好きなようです。まだ, 読むことはできませんので, テープなどを何回も聞いて覚えてくるのでしょう, イントネーションや強弱などはそれっぽく上手に真似します。このロールプレイング以外でも, マザーグースやオリジナルの詩(ライム)などを覚えてもらうこともあるのですが, 以下に紹介する"Five Little Monkeys"というライムを優二くんと健くんは実におもしろおかしく暗記してくれます。

優二くん：Five little monkeys sitting in the tree.(五匹のおサルが木の上で)
Teasing Mr. Alligator,(ワニさんからかってすわってた)
健くん：You can't catch me.〈それっぽく親指で自分のことを指しながら〉
(おいらのことを捕まえてみな)
優二くん：Down came the alligator as slowly as can be. And SNAP went he.
(ワニさんそろーりそろーりやってきて, ガブッ, おしまい)

健くん：〈SNAP の時はワニに食べられるような動作をし，死んだ真似をする〉

これが5匹のおサルさんがいなくなるまで繰り返されます。その度に優二くんはワニの怪しげな雰囲気を出しながらナレーションをし，健くんはおサルさんの「おまえなんかに捕まえられないよ〜！」というおちゃめな表情を見せながら二人で見事に演じ分けました。私は事前にどちらがどちらの役という割り振りをせずにいたのですが，二人はお互いのキャラクターを十分知り尽くしていたようで，すんなりと分担してくれました。すばらしいコンビネーションに私はただただ感心するばかりでした！

　この他にも聞こえてくる英語がおかしな日本語に聞こえる場合があるらしく，"Oh, Gee!" などは「おうじー（おじい）」と言ってみたり，歌なども "Twinkle Twinkle Little Star" の "How I won-

ガブッ！　ロールプレイングは盛り上がる

der..."は「ハワイ　1（ワン）だ！」と替え歌にするなど思わず爆笑してしまいます。おまけに自分たちで考えた振りも付けて歌うので，毎回子どもたちの「かくし芸大会」が見られ，なかなかにぎやかですよ。こういう子どもたちの特性やキャラクターを生かした英語劇や歌を披露する場をどんどん設けていくと，英語を習う楽しさもますます増えていくこと間違いなしです。おあつらえむきにこの教室では，毎年"Kids & English"といってクラスでやった劇や歌をビデオで録画してエントリーし優勝を競い合うイベントがあるのですが，その話は後に詳しくお話しましょう。

✻ へえーそうなんだ！　不思議3
　——7～9歳のクラス④

このコースでは，"Hello. I'm Lisa. How do you do?"を始めとする挨拶や年齢，好きな食べ物，色や数など様々な身近な表現を覚えていきます。友達や家族のことを聞かれたり紹介したりする場面もあり，事前にchants風にリズムを付けて"What's her name?" "Her name is Kathy."や"How old is he?" "He is ten."という言い方の練習を行います。

〈5回以上リズムをつけて練習した後，リズムをはずして聞いてみる〉
　私：〈クラス全体へ〉What's her name?
　子どもたち：...name is Kathy.〈最初の部分が不明瞭〉
　私：〈同じように〉What's his name?
　子どもたち：...name is Lou.〈また不明瞭〉
　私：〈美奈ちゃんを指しながら〉Now, Yuji, what's her name?
　優二くん：My name is Mina.

私：No no, what's HER name? HER name....〈her を強調させて答えを促す〉
優二くんと私：Her name is Mina.
私：Yes, very good.

自分自身のことを聞かれた場合の"What's your name?" "My name is Ken."という言い方が定着しているせいか，"My"の部分が"Her"や"His"となってきちんと言えるようになるのには時間がかかります。その人物の絵やお友達を指し示しているのにもかかわらず"....name?"という質問は「名前を聞かれているんだから，名前を言えばいいんだ」という範囲の理解で"My name is Kathy."となってしまう傾向があります。この段階では，「男の子は He で女の子は She なんだよ」という説明もいっさいしないせいもあるかもしれませんが，果たしてそういう違いを説明した方が言い間違いを防げるかどうか，逆に男性，女性の言い方の違いを説明したところで理解できるかどうか，いろいろと悩むところではあります。

✤ 最高のエンターテイナー
——7～9歳のクラス⑤

しあわせなら"OK!"

継続組と入会組の子どもたちへの教え方の違いの一つに，歌を起用する割合の違いがあります。継続組の子どもたちは，今まで歌を通して徐徐にメロディーをはずして会話へと移行するやり方をやってきましたので，今までやってきた歌のメロディーを替え歌にして，例えば"I like rice."のようなエクスプレッションを覚えてもらう指導法はとても効果的ですが，新しく入会した子どもたちは，

歌自体も知らない上に，必ずしも歌が好きだったり得意だったりするわけではないので，歌よりもむしろ chants（ここでは8拍子のビートに合わせて言う）で覚えてもらう方法を取っています。優二くんは，もともと歌が好きなようで，この chants も大変リズムカルに言うことができますし，テキストで紹介される幾つかの歌もすぐに覚えてしまいます。特に好きなのが「しあわせなら手をたたこう」の"If you're happy and you know it"で毎回振り付きで歌うのが大好きです。

　優二くん：先生歌おうよ！
　私：Oh, you like that song. OK. Let's sing it together. One, two, go!
　優二くんと私：If you're happy and you know it clap your hands.（パチパチ）
　　If you're happy and you know it clap your hands.（パチパチ）
　　If you're happy and you know it, then your face will surely show it.
　優二くん：If you're happy えんでゅのうい，ぜんにゅあ…むにゃむにゃ，あー先生わかんないよー〈泣きそうな声でくやしそうに〉
　私：〈ゆっくりと〉If you're happy and you know it, then your face will surely show it.
　優二くんと私：If you're happy and you know it clap your hands.（パチパチ）

よっぽどこの歌をクリアしたかったのか，家で猛練をしたらしく，レッスン3回目でめでたくそれらしく歌えるようになりました。

優二くん：〈歌い終えた後〉先生聞いたとおりに言えば（歌えば）いいって言ったよね。

私：Ye-yes. Good job. Great!（ちょっと違う部分もあったけど…。まあ近いから努力は認めてあげよう！）

でも，好きな歌やセリフを一生懸命覚えようとする心意気ってやっぱり大切ですから，「ちょっとこれじゃあいくらなんでも英語に聞こえないな」と思えた場合だけ発音などを訂正してあげています。もちろん大事な表現や明らかにおかしな発音は，きちんと見本を見せて練習します。

演技力ではかないません！

"I'm scared." や "I'm happy." といった感情表現を定着させるのに効果的な方法としてジェスチャーゲームがあります。日本語の「あっち向いてホイ」の要領で行います。

私と優二くん：〈同時に〉Stone, paper, scissors（じゃんけんポン）

私：〈私が勝ったのでリーダーになる〉I'm ... scared!〈肩を抱いてぶるぶる〉

優二くん：〈私とほぼ同時に〉I'm happy!〈両手を顔のところで広げる〉

私と優二くん：〈同時に〉Stone, paper, scissors（じゃんけんポン）

優二くん：〈リーダー〉I'm sad.〈泣きまね〉

私：〈同時に〉I'm sad.〈泣きまね〉Oh no! You get 1 point.（優二くんに１点ね）

優二くん：先生　もう一回！　One more, one more.

他の人もリーダーと同時に好きなジェスチャーを行い、リーダーと同じ表現をした人が負けでリーダーにポイントが入るというゲームです。"I'm scared."だったら自分の肩を抱いてブルブル震えながら、"I'm angry."だったら怒りの表情で床を踏みつけるといった演技力も必要で、優二くんはユーモアたっぷりにそれも動作を本当にオーバーにやってくれるので、「彼は歌唱力も演技力もあるから、今度はミュージカルにでも出演してもらおうかしら」と密かにヤマハ歌劇団（ちょっと名前が古めかしいですね、せめてヤマハ・ミュージック＆ドラマ・アカデミーにでもしておきましょう）設立を目論ませるほど上手です。本人もこのゲームが大好きで、もう永遠にやっていたいといった感じで楽しんでいる様子です。でも、前述しましたように、やはり楽しいからといってゲームばかりやっていられないのが難しいところ。締めるところは締めて、「早くアルファベットのチャンツを覚えてね」と願う毎日です。

✽ 涙と友情
——9歳以上のクラス①

9歳以上のクラスでは、入会用にジュニアコースと中学準備コースがあるのですが、残念ながら私はジュニアコースのクラスを受け持っていないので、中学準備コースと進級コースの中のE.com 4、イングリッシュセミナーの子どもたちのクラスについてご紹介しましょう。

泣いたって負けるもんか

9歳、10歳は、前述しましたが、いわゆる「臨界期」といわれる8歳を過ぎている時期ですので、知的吸収力と感覚的吸収力がほぼ同じくらい、もしくは前者がやや優勢になってくる時期です（ア

ンダーセンのグラフより)。進級コースの子どもたちは、全てこの臨界期前に英語と接していますので、発音は間違いなく聞き分けることができます。それが顕著にわかるのが、ワードブックに出てくる単語を使った"BINGO"ゲームをやった時です。このゲームはワードブックで既習した単語をあらかじめ25個（5×5マスの場合）選択しておき、子どもたちに自由にマスの中に書き込んでもらいます。

　この単語というのが7〜9歳の進級コースで紹介したようなCVC（母音・子音・母音）で構成された短い単語ですが、語尾音がはっきり聞き取れないと同じ単語に聞こえてしまうtrickyなものもあり、例えば、badとbat, kidとkitとkick, gunとgumなどなかなか区別しにくいものもありますし、間の母音だけ変わるcatとcut, cabとcub, hamとhum, mapとmop、またsadと

kit	cat	map	bat	ham
sand	ten	gum	wig	mad
hum	mop	bed	cub	kick
wing	gun	yen	sad	bad
cab	beg	but	cut	bend

sand, bed と bend など子音が一つ増えた単語など, 恐らく大人には無理な微妙な違いを聞き分ける力が試されます。このゲームでは, まだチャンツで練習してきたアルファベットの発音とアルファベットの小文字の区別ができにくい子どもははかなり苦痛を強いられるようです。

　私：The first word is BAD.
　武くん：先生つぎ！〈武くん, いつもながら見つけるの早いねえ〉
　正好くん：えーと, bad だからバでbから始まって最後はdだから…（ぶつぶつ）。
　武くん：先生はやく〜。
　正好くん：ちょっと待ってよ！〈もう泣きそう〉
　私：Take your time. Takeshi, please wait for him. (ゆっくりでいいよ。武, もうちょっと待ってあげて)

　文字を組み立てることに関しては, "scrabble words" という活動も行います。これは例えば今までワードブックで一度は読んで書いたことのある dog や play などの短い単語を gdo や lypa と書いて提示したものを正しい綴りに直してもらったり, 't, e, p, n, o, a' の六文字を組み合わせて2〜3文字の言葉を作ってもらうといったゲームです。単語の読みや単語探しの得意な武くんや姉御肌の真佐子ちゃんは単語の構造がどうなっているのかわかっているのか, はたまた単に記憶力がいいのか, ほぼ全問正解に近い答えを出すことができる一方, 正好くんはなかなか単語が組み立てられず四苦八苦することが多いようです。他のゲームもそうですが, 1位の子どもから順に5, 3, 1とポイントが与えられ, その分だけ紙に書かれた動物レースに見立てたトラックの自分の駒を進めることが

できるようになるのですが，正好くんはものすごーくがんばっているにもかかわらず，なかなか1位になることができないので，かわいそうにいつも涙がぽろり状態です。

> 武くん：なんで正好〈ここの教室では英語の名前を呼ぶようにみんな名前を呼び捨てで呼び合う〉わかんないかなあ。僕なんかすぐわかっちゃうのに。
> 〈こらこら武，正好より年下なのに生意気なことを言って！天狗になってちゃ，い，いかん！〉
> 私：〈見かねて〉じゃあみんなで正好が楽しくゲームに参加できるように，レッスンの始めにアルファベットの問題や発音を出し合って練習しようよ！〈ここはちょこっと日本語〉
> 武くん，真佐子ちゃん：いいよ。
> 〈そこで毎レッスンの始めにアルファベットの復習やチャンツの練習を行うことに〉
> 武くん：じゃあ正好，What's this?〈ノートに苦手そうなアルファベットを書いて指しながら〉
> 正好くん：えーとuかな。
> 武くん：Good!
> 真佐子ちゃん：'N' sounds 'N' sounds....〈チャンツのピクチャーカードを見せながら〉
> 正好くん：ん，ん，ん
> 真佐子ちゃん：OK.

代わる代わる練習してくれたおかげで正好くんもようやく「ゲームの楽しみ方」を実感できるうになったようで，「あっそれちょっと自信がある」と元気よく単語に○を付けてくれるようになりました。私が一方的に教えるばかりでなく，子どもたち同士が助け合っ

てレッスンをおもしろくしていくことの重要性をこの時は感じましたね。

　正好くんの名誉を挽回するためにここで一言付け加えておきますが，彼は前述した香奈ちゃんと似たようなケースで，読んだり書いたりすることは苦手なようですが，やはり耳をフル活用して忠実に発音を再現できますし，質問なども想像力を働かせて意味を予測するのがとても上手です。「読み」「書き」はまだまだこれからで大丈夫ですから，「あせることないよ，正好くん！」

❈ ローマ字って……
──9歳以上のクラス②

　4年生になるとローマ字を教える小学校が多くなり，これが英単語を読む際の弊害になることがしばしばあります。例えば，"kite"は英語では「カイト（テュ）」ですがローマ字では「キテ」になり，"bike"は英語では「バイク」でローマ字では「ビケ」になるという具合に，初めて目にする単語はどうしてもローマ字読みしてしまう傾向に陥りやすいのです。ビンゴゲームで使うような3文字の単語はたいがい正しく読めますし，4文字単語でも have や like や name は，テキストなどで頻繁に目にする機会があるせいか間違うことはまずありません。また study や play などローマ字読みができない単語も覚えやすいようできちんと読めることがほとんどです。新しい英単語は，その都度正しい読み方に慣れてもらい，「英語は英語読み！」と頭を切り換えてもらうしか今のところ方法はなさそうです。お母さん方の中には，このローマ字を利用してアルファベットを覚えてもらおうと，家でワープロ入力の練習をさせている方もいるようです。発音の面からいうと前述したように困った現象が起こりますが，なかなかアルファベットを覚えられな

いお子さんには，ある程度視覚的には効果があるかもしれませんね。

❀ おませな二人にてんてこ舞い
　　── 9歳以上のクラス③

先生，これ英語でなんていうの？

　別のクラスにいる4年生の愛ちゃんと玲子ちゃんは，大の仲良しでおしゃべりが大好き。彼女たちがいるクラスでのおもしろいエピソードを一つご紹介しましょう。

〈ある表現の練習の時〉
私：What do you do in the morning?
　〈例文と絵を見せながら〉I wash my face. I eat breakfast.
私：〈しばらく見本とやりとりの練習をした後〉Now Reiko, what do you do in the morning?
玲子ちゃん：〈かわいい自分の漫画を描きながら〉(この年の女の子はとにかく漫画を描くこととシールを集めることが大好きなんですよねえ！)
　えーと，まず布団の中で開脚前転をやって，こたつの中に30秒いて暖まったら出てきて顔を洗って…。

困ったことに私は「開脚前転」や「こたつ」を英語で何というか分かりませんでした。

　私：〈とっさに〉開脚前転は―…ごめん，ちょっと分からないからでんぐり返し (somersault) してもらえる？（無理やり変えさせるひどい先生⁉）それからこたつは "kotatsu" も

第3章　クラス風景と子どもたちの変化　141

しくは"foot warmer"でいいと思うよ（ちょっと自信なさげ）。

冷や汗タラタラもんで英語に直してあげていました。さらにこのエクスプレッションを少し発展させて過去形の言い方を取り入れた表現の練習をしました。

 私：I **didn't** eat breakfast. I **didn't** brush my teeth.
   Now Ai, what didn't you do this morning? I didn't...
 愛ちゃん：今朝は起きてすぐ視力検査をしたんだけど…あっ！
     うんこするの忘れた！
 私：〈同じぐらいの大きな声で〉ええっ！　うんこおおお！
   困ったなああ，うんこでしょ，ええーと…。〈もうしどろもどろもいいところ〉

幼児ことばで"doo-doo"と言うのは知っていたのですが，正しい言い方がわからず，困ってしまいました。

 私：えーっと，先生の宿題にしてください。（超恥ずかしい～!!!）

確かにいろいろな表現を学びながら，その表現を応用して日本人の子どもが自分の日常生活を話す場合は日本独特の文化や習慣，食べ物が登場するのは当たり前といえば当たり前なのですが，往々にして英語教室で使われるテキストは，欧米の生活習慣を基にストーリーが展開されていますので，使われる単語や表現も一般的に欧米諸国で使われているものがほとんどなのです。1年の行事を見渡してみても，お正月にはお雑煮を食べお年玉をもらい，節分には豆ま

きをして鬼を追い払い，桃の節句にはお雛様を飾り，七夕には短冊に願いごとを書き，また学校では，給食当番やお掃除をしなければいけないし，部活もあるし，子どもたちの生活は欧米諸国にはない日本独自の文化に取り巻かれているのです。このことで私は，このぐらいの年齢の子どもたちでも日本のことを，自分の国の文化を英語で言えることはとても重要なことであることに改めて気づかされました。

また，排泄などの行為も，歯を磨くのと同じように日常生活で重要な行為であるにもかかわらず，それをテキストなどで扱い英語でなんというかなどと教える所はまずないといっていいでしょう。確かに言い方としては，"defecate" や "bowel movement" と専門用語的になって難しいのですが，俗語の "go potty" や "go to John" を使ってもいいと思います。子どもがおしっこに行きたいといった漫画やお話も問題なくごく自然に扱える話題ですし，タブー視されるような話では決してないはずです。まあこの女の子たちのように朝に「開脚前転」や「視力検査」をするのが日本独特の習慣であるとはちょっと言いがたいですが。とはいえ，聞かれた言葉に関して即座に答えられなかったのは，単に私の英語がボキャ貧なだけであって言い訳はできないのですが…。子どもたちの豊かな感性は，思わぬところでその姿を現しますので，こちらも日々 "brush up my English" の気持ちを忘れることなく努力しなければならないと痛感しました。

英語は趣味よ，しゅみ！

余談になりますが，レッスンが始まる前に，前述した愛ちゃんと玲子ちゃんとおしゃべりをしていました。

愛ちゃん：先生，どうしてあたしが英語習っているか知ってる？

私：ううん，教えて。

愛ちゃん：別にね，英語がしゃべれるようになりたいからじゃないんだよ。

私：じゃあ，どうして？

愛ちゃん：英語が「趣味」だから。〈ほほーさようで…〉

私：でも，趣味で習っていてそれでしゃべれるようになったらもっと楽しいんじゃない？

愛ちゃん：わかんなーい。〈なぬ〜！〉

玲子ちゃん：うちのクラスの男子にも英語教室には「ストレス解消」で行っているっていう子がいるよ。あたしもそうかな。〈ほほーストレス解消ねえ。まっストレスになるよりはいいか。〉

私：そうなんだ。ストレス解消もいいけど，ただのんべんだらりとやっているわけにもいかないし，ゲームばっかりやっているわけにもいかないけどね。
〈やれやれ，この苦労わかってくれているかしら？〉

愛ちゃん：あっ先生，それからね，うちのクラスにいる子が英語教室で文法やってるって，愛ちゃんは文法できないでしょとかって言ってたけどべつにいいんだよね。お母さんもそんなのは中学行ってからでいいって言ってたけど…。

私：そうだよ。文法って英語のきまりのことなんだけど，愛たちの場合は耳から入った英語だから自然にきまりもわかっているはず。だから心配しなくて大丈夫。文法も少しずつ習うから気にしない，気にしない。逆に「この発音言える？」って問題出しちゃえば？

子どもたちには親たちの思惑とはよそに，いろいろとあるんですねえ。子ども社会は意外と複雑!?

✤ 英語グレード

　ところで，ここの英語教室では，年に2回（9月，2月）「英語グレード」というオリジナルの試験を全国的に行っていますが，この試験には3つの特徴があります。一つは，英語の諸能力のうち，コミュニケーション能力を客観的に見ることを第一の目的に開発されたものであるということ。ですから，ここの教室の生徒だけでなく，一般の子どもたちも受験することが可能です。2つめは，試験の内容は，直接レッスンと関係のないものになっているということ。そして3つめは，あくまで任意で受験する試験であり，親御さんが子どもたちの実力を把握したい時に役立つものになっているということです。内容は，音声テープとペーパーによる出題で英語の会話力，聴解力，読解力，語彙力などを判定します。対象は，8歳以上（小学2年以上のクラス以上）で，7級から1級までとれるようになっています。初めて受験する生徒と7，6級の生徒は〈テストB〉を，5級認定を受けると〈テストA〉を受験することになります。〈テストA〉の方がやはり語彙の数も増え難易度も高くなり，読解用の文章も長くなりますので，なかなか1級をとるのは難しいようです。それでは一体，どのような内容なのかご紹介しましょう。（注：このグレードテストは，試験終了後ただちに回収し本部へ送ることになっていますが，本稿のために特別に許可をもらい，試験問題とおおよその結果の確認と一部本稿への掲載をさせて頂きました。）

　少し，各パートを分析していきましょう。

　パート1の「仲間はずれの言葉探し」では，kick, run, think, skip の kick や skip は認識できますが，run と think は聞き慣れていないとわかりづらかったようでした。

　続いてパート2。この例文の正解率には大変おもしろい理由があ

〈テストB〉

評価項目	パート	内容
ボキャブラリー (語彙力)	1	・仲間はずれの言葉を探す 例：kick, run, think, skip
	2	・絵と合っている文を選ぶ（それぞれの文は単語が一箇所だけ違う） 例：There are a lot of people in the room. 　　　　　　　　　　　　　　　　(正解) There are lots of toys in the room. There are lots of things in the room. There are lots of tools in the room.
リスニング力 (聴解力)	3	・テープから聞こえてくる文と合っている絵を選ぶ 例：Look at the dog! He's sleeping on the roof. （絵は，寝ている犬と何かを食べている犬）
	4	・テープから聞こえてくる会話や説明文と合っている絵を選ぶ 例：A：What happened? You are all wet. 　　B：I fell into a pond in the park. 　　A：Oh, change your clothes right away. 1．けんかをした 2．雨にぬれた 3．池に落ちた（正解）
	5	・絵についての説明を聞き，質問に対する正しい答えを選ぶ 例：ペットの鳥について
会話力	6	・会話の続きに合っている文を選ぶ（絵もある） 例：A：I bought the 'Lion King' video yesterday.

		B: Really? Have you watched it already? A: Of course. It was wonderful. Do you like to watch it with me? B: Yes! A: 答え1. I'll meet my aunt tomorrow. 　　　2. I'll bring it tomorrow.（正解） 　　　3. I'll get that phone.
英語のきまり （文法）	7	・文法的に正しい文を選ぶ 例：1. I can ride a bike.（正解） 　　2. I can riding a bike.
リーディング （読解力）	8	・絵に合っている単語を選ぶ 例：basketball, backyard, beefsteak（バスケ）
	9	・4～5行の文を読み，内容に合っている文の続きを選ぶ 例：リンダがお母さんのお誕生日のため庭で花摘みをしているお話。 Where is Linda? Oh, she is in the garden. She is picking some flowers. White daisies, blue pansies, red and yellow tulips..... She is going to give them to Mom. Today is Mom's birthday! Linda is in　1. the department store. 　　　　　　 2. the kitchen. 　　　　　　 3. the garden.（正解）

＊「リーディング」以外の評価項目においては，全て文がテープで読まれます。

ります。私が教えているここ「志木センター」は「サティ」という大型スーパーの中にあるのですが，同じように「People（ピープ

ル)」というエクササイズ&スイミングスクールが入っており多くの生徒たちがここにも通っています。どうやら"People"と聞くとこのスイミングスクールを連想するらしく，絵に水が一杯あるのならわかるけど，まさか「人」という意味だとは思っていなかったようなのです。ほかの単語もほとんど使わないか，頻繁に出てくる単語ではないので，よけいにわからなかったようですね。物の位置を示す文章"The cat is under the table."という問題では，underの部分がそれぞれabove, on, nextと変えてあるのですが，under the と on the が同じように聞こえてしまう傾向が強くあります（これは普段のレッスンでもしばしば混同されます）。

　パート3は，2，3の似て異なる絵が描かれており，テープから聞こえてくる文章に合った絵を選ぶというもので，この問題は，子どもたちのとても得意な問題です。文章自体もキーとなる単語がわかれば区別しやすいようになっていますので，案外容易に正しい絵を選ぶことができるようです。例文でも，"sleeping"という単語の意味がわかっていればroofがわからなくても区別がついたようです。このパートでは，比較的普段のレッスンで聞き慣れた単語がたくさん出題されるので，よくできたようです。

　パート4の例文では，キーとなるwetやpondがわからなければ区別できない問題で，これらの単語は聞き覚えがないらしく難しかったようです。また，"It's flat. It lives in the sea. It looks like a star. What is it?"の説明文では，

① ひとで
② ひらめ
③ クリスマスツリーの星

の3つの絵があるのですが，starとlives in the seaがわかれば①ひとで　だとわかりますが，えてしてstarだけに気をとられてしまう生徒が多いようです。

このパート３と４は、絵と写真の違いこそあれ、TOEICの「写真描写問題」（一つの写真について、正しく描写している文を選ぶ問題）と非常によく似た問題となっています。

　続いてパート５です。内容は、例文のペットの鳥についての描写や大きな雪だるまを作った時の様子など、子どもたちの日常を描いたものです。使われている単語や文章も "He is a yellow bird with black stripes." とか "I like to play the piano." など基本的な表現はすべて習っていますので、聞き取りやすいお話となっています。質問も普段から使っている「５Ｗ１Ｈ（When, Where, Who, What, Why, How）」の質問ばかりですので、ここでもやはりキーとなる単語が聞き取れれば間違いなく正解できるようになっています。このパートは、TOEICの「説明文問題」（説明文を聞き、それに対する複数の問いに答える問題）と似ています。

　多少難解とされるのが、次のパート６です。このパートはTOEICの「応答問題」（質問文に対して正しい応答文を選ぶ問題）と似ていますが、TOEICの場合は、質問文も応答文も書かれていないので、まさに「耳」だけが頼りです。しかし、ここの教室の子どもたちも、まだこのレベルでは「読む力」よりも「聴く力」の方が圧倒的に強いので、問題を「読んで」理解しているのではなく、最大限「耳」を頼りに問題を解いていると思われますので、条件としてはTOEICと同じだと思います。

　続いてパート７は、ある程度年齢が上でレッスンでも読み書きが頻繁に行われる中学準備クラスの子どもの方がよくできます。

　パート８以降の問題はテープを離れ、自力で読まなければいけない読解力を試されます。まずパート８。小学２年生以上のクラスの生徒たちは、テキストの他に単語の発音や書き方を習うワードブックをレッスンで使用しますので、全問題ともかなりよくできます。しかし、ここではレッスン考察の中で述べましたように、アルファ

ベットのフォニックスが頭にきちんと入っていなかったり，アルファベット（主に小文字）がまだあやふやな生徒は苦戦を強いられることが多いのです。というのも，絵の呼び名がわかっていても，単語が読めなければ，残念ながら正解を見つけることができないからです。

そして最後のパート9は，4～5行の作文を読まなければならず，低学年の生徒にとっては一番のネックとなる問題です。しかし，何とかして読めそうな単語を探し，全体の意味がわからなくても下に続く文と3つずつの答えの中に，必ず文中に使用された単語や文が出てきますので，それをいかに見つけられるかが問われます。

それでは，テストAを見ていきましょう。

基本的に出題のパターンはBと同じですが，問題となる単語や

評価項目	パート	内容
ボキャブラリー （語彙力）	1	・仲間はずれの言葉をさがす 例：方角の言い方でないもの 　　south, north, west, ocean
	2	・絵と合っている文を選ぶ（単語が一箇所だけ違う） 例：1．The boy is looking for the bag. 　　2．The boy is looking after the bag. 　　3．The boy is looking in the bag.（正解） 　　4．The boy is looking beside the bag.
リスニング力 （聴解力）	3	・テープから聞こえてくる文と合っている絵を選ぶ 例：1．Turn to the right at the corner. 　　2．Can you choose the right answer?

		3. Turn on the light. It's getting dark.（正解）
	4	・テープから聞こえてくる説明文や会話と合っている絵を選ぶ 例：A：Do you like amusement parks? 　　B：Oh, yes. I love them. I especially like the machine with a huge wheel. 　　A：I know. It's a Ferris wheel. As the wheel turns slowly, it will go up and up and finally, you see a nice view from the top of the wheel. 　　1．観覧車（正解） 　　2．ジェットコースター 　　3．回転木馬
	5	・絵についての説明を聞き，質問に対する正しい答えを選ぶ 例：美術館見学の様子。Room A は何の部屋か，など。
会話力	6	・会話文を完成させる（ただし絵はない） 例：A：Do you know what? 　　B：What? 　　A：I made a pencil stand. 　　B：（　　）1．Can you show me?（正解） 　　　　　　　　2．Can you ride on a horse? 　　　　　　　　3．Can you spell her name? 　　Oh! How nice! 　　　　　（　　）1．I want to go to your house.

第3章　クラス風景と子どもたちの変化

		2. I want to make one, too.(正解)
		3. Tell me the answer.
英語のきまり(文法)	7	・単語の穴埋め（絵はある） 例：(　　) is my bag? 　1. Who 　2. When 　3. Where（正解） ・文を完成させる（絵はない） 例：He has a (　　). 　1. there yesterday 　2. a bat and a ball（正解）
	8	・反対の意味の単語を選ぶ 例：1. question-answer 　　2. day-night 　　3. man-woman
	9	・文の内容が正しいかどうか。 例：A lion has two wings.
リーディング(読解力)	10	・長文の読解（質問について正しい答えを選ぶ） 例：手紙文，動物の話など。

文章はやや難しくなります。それでは，これも順を追って分析してみましょう。

まずは，パート1。方角の言い方でないものをsouth, north, west, ocean の中から選ぶ問題です。これは，レッスンで教えたことはありませんので，難しかったようです。

続いてパート2。名詞や前置詞が変わっているだけの文章は，容易に正しいものを選ぶことができるようです。動詞の部分がwrote, received, lost, read という過去形の問題では，正解のwroteを選ぶことができず，多くの子どもたちが苦戦した様子。過

去形の言い方は，レッスン考察の中で示したように，高学年のコースになると覚えてもらいたい表現の一つとして言ったり書いたりする練習をするのですが，定着は悪いようです。

続いてパート3。この問題はパート2と似ていますが，テープで読まれる文章は一か所だけ違うというのではなく，全く違う意味を持つ響きの似たような物がいくつか読まれます。また文章が書かれていないので完全に自分の耳だけが頼りになります。例文は，right と light の違いが聞き取れるかを試しており，"Turn" で始まる文章が2つも出てくるので聞き逃すと間違いやすかったようです。ただしこのパートは一般的には出来が割とよいようです。

パート4は，テストBと同じように，動物，食べ物，スポーツなどの説明，ある動作，景色の描写，計算問題，そして図形の位置などを表した文章が聞こえてきます。動物，食べ物，スポーツは普段のレッスンでも多く接しているのでやさしかったようです。計算問題は，出てきた数字にとらわれてしまってそれが足したり引いたりする計算問題であることは容易にわからないようです。これも通常のレッスンではほとんど触れていないので難しくなっています。例文は，遊園地の乗り物についての会話文でしたが，Ferris wheel という単語を知らなくても，会話の中の "... go up and up ..." というくだりで「あー上がっていくものなんだ」というのがわかり観覧車という正解を得られるのだと思います。

やはりこのパート3と4は，テストBと同様，TOEICの「写真描写問題」と似ています。

パート5は，テストBと違い，話が長い上に読まれる速度も随分と速くなります。例文の場合，大きなお部屋に小さなお部屋がいくつも区切られていてそれぞれ Room A, Room B などと名前が付けられた絵が描かれています。内容は，主人公の女の子が博物館へ行き，その案内をしていくというものなのですが，まず入り口を

入って左に曲がると，その部屋にはいろいろな動物の剥製が置かれており，次の部屋には魚，その次は鳥，そして最後に恐竜，と話が進んでいきます。お話の中に直接 Room A などの呼び名は登場しませんので，注意深く聞いていないと迷子になりやすくなっています。答えの部分に関しても，どの部屋のことを聞かれているのか，書いてあることと聞いた内容に注意しないと部屋を間違えてしまうことが多く，難しかったようです。このパートも，テスト B と同様，TOEIC の「説明文問題」とよく似ています。

パート 6 は，テスト B のように絵は添えられていません。視覚的な補助がなにもありませんので，かなりの集中力を要求されます。例文は，筆箱を作ったという友達との会話ですが，単語の意味と話の流れを把握しないとわからない問題です。似たような始まり方をしている文章は，やはりボキャブラリーが頭に入っていないとまごつくようです。ここもテスト B と同様，TOEIC の「応答問題」に似ています。

パート 7 からは読み書きの問題となっています。この問題はほとんど正解だったようです。うちの教室の適期教育というのは，子どもの年齢や発達にそった教え方をしますので，今まで主に耳からの情報として「たくさん聞いて話す」を中心に勉強してきた英語を，今度は「読んでみたり書いてみたり」することを徐々に小学 3 年以上のクラスでは取り入れていきますので，この時期は読み書きに関してもかなりの力がつくようになります。ですから，be 動詞や助動詞，疑問詞などもあえてその「呼び方」を教えないまでも今まで耳から得ていた情報を元に，実際に目で読んでみてその情報とマッチした正しい言葉を選び出すことができるようになるわけです。

パート 8 は，反対の意味の言葉を表の中から選ぶ問題で，レッスンの中では敢えて「この言葉の反対はこの言葉です。」という教え方はしませんが子どもたちは自然に各々の言葉の読みと意味を理解

していると推測されます。レッスンの中の様々な場面で、ある言葉と反対の意味となるような言葉は対のような形で一緒に出てくることが多いので（例えば、old と new など）覚えやすいのではないかと思われます。

　パート9は、文法的には正しい文ですが事実と異なっているような内容になっています。一見簡単に判断出来そうな内容でも、例文のような wing などの単語が読めなかった場合、全く答えがわからなくなってしまいやすい問題となっています。

　そして、最後のパート10は、長文の読解が2問です。それぞれのお話には簡単な絵が描かれており、内容は学校や日常生活での出来事であったり、手紙文、動物のお話など子どもたちの身近な話題となっています。テストBに比べ一文が長く、お話自体も10行ほどの長い文章なので、一語一語追っていくとかなりの労力を強いられると思われます。しかし、テストBの説明の中でもありましたように、3問ほどの質問と3つずつの答えの中には必ず文中に出てきた単語なりフレーズなりが書かれていますので、多少内容や質問の意味がわからなくても正解を得られやすくはなっています。その要領がわかるのかよくできたようです。

❋ グレードはグレート

　この「英語グレード」の考察をしてきてお気づきになったと思いますが、一般的に行われている英検や児童英検と大きく違うのは、「英語グレード」はリスニング問題を大事と考え、「まとまりのある文章を読んだり聞いたりして理解する力、コミュニケーション能力を重視しそれらを客観的に測ることを目的としている点」です（『「英語グレード・英語ワークショップ」講師用資料』pp.7-8 より抜粋）。一般的な日本人は、「読み書きはある程度できるけど聞い

たり話したりするのは苦手」という人が非常に多く、高・大学入試を始めとする世の中で行われている試験の多くは、その苦手感を克服できないまま読み書きばかりを後押しするような形の出題内容が多いようですね。まあそれでも私が学生の頃よりは「コミュニケーション重視」の傾向が強まっているとは言われていますが……。最近ではビジネスで英語を使う人やアメリカの大学への留学者向けのTOEICやTOEFLといった試験を受験する人が年々増えてはいますが、日本のTOEFLの平均点はアジア諸国の中で最下位の方だというニュースを依然として耳にするにつけ、ますます「日本人の英語力の低下」を嘆かざるをえない面があります。この2つのテストは、長年にわたるノウハウの蓄積に基づいて、実践的に使える英語を目標としておりますので、「英語グレード」と共通する点が大いにあり、小さいうちにこういう形で総合力を試されることが、将来的にいい結果を生むのは間違いないでしょう。また、この「英語グレード」は合格・不合格ということがなく、点数によって級が決まり評価表も渡されますので、「受かった」「受からなかった」という失望感をさほど受けないような配慮がなされているのも特徴です。年に2回行われますので、前回ちょっと思うように実力を発揮できなかった子どもたちも、「今度は級が上がるかなあ」と期待するようにがんばって受験してくれます。私の教室では、小学3年生で4級、4年生で2級を持っている子どもたちが何人かいて、その実力の高さや驚くべきものがあります。しかも、特にグレード受験対策をレッスンの中で行ったり、問題集があったりするわけではなく、普段のレッスンの中から総合力を培っているわけで、次の試験までたった半年程度しか間があいていないにもかかわらず、めざましい発展をとげる子どもも少なくありません。いかに通常のレッスンが重要か、改めて思い知らされます。

❊ これ歌で出てきたよね

　また，このグレード対象以外の子どもたちには，「4～6歳児のクラス」の2年目終了時の子どもたちより受けられる「英語ワークショップ」というものがあります。これは，各コースで設定された指導目標を，生徒たち自身が「具体的に」「どのように」身に付けたかを確認するものです（上掲書，p.19より抜粋）。形式は，テープからの出題（主に歌）によるワークシートと講師によるインタビューです。ワークシートの内容も英語グレードと似ており，リスニングが中心です。また上記以上のクラス（「エレメンタリー」と「E.com 1」，「E.com 2」，及び「ジュニアコース」まで）の子どもたちも，テープによる聞き取りと講師によるインタビューを受け，さらに rhyme を暗記して発表します。

　テープの内容は，これもまた「英語グレード」とよく似ていて，聞こえてくる会話に合った絵を選ぶ問題や，質問に対して正しい答えを言っているのはどれかを選ぶ問題，またアルファベットの大文字と小文字を正しく結ぶ問題もあります。さらに短いお話を聞きそれに関して読み上げられる文が正しいか正しくないか（YesかNo，○か×）を選ぶ問題と短い単語を読みそれに合った絵を線で結ぶ問題，そしてアルファベットは穴埋め問題などもあります。インタビューの内容は，挨拶から始まって電話番号，兄弟やペットの有無，日付，誕生日などで，さらに質問文が言えるかどうかやコマンドに対して正しい動作ができるかどうかなどを確認します。

　この英語ワークショップでは，グレードのように級はつくことはありません。日頃の成果を確認するという目的で行われるもので，実施後は，講師による評価表が各生徒に配られ「少しアルファベットの小文字が苦手のようですのでがんばって覚えましょうね」ですとか「聞き取る力がとてもありますね。レッスンでは，どんどん声

に出して言ってみましょう」といった各々の苦手とする点，優れた点を指摘できるようになっています。「家では遊んでばかりで全然テープとか聞かないんですよ」とか「本当にこの子は英語が身についているんでしょうか」など普段レッスンを見学することがないので心配なお母さんたちにとってみても，評価表という目に見える形で自分の子どもの成長ぶりを見られることは，子どもばかりでなく親の自信にもつながりますし，今後家庭ではどういう学習をさせていったらいいかの目安にもなりますので，大変有意義なものとして受け入れられています。

さて，話をレッスン考察に戻しましょう。

❀ 音楽と英語は相思相愛

小学5年生から入会できるコースとして，中学校の教科書（*COLUMBUS*――光村図書出版）とオリジナルのワークブックを教材とする「中学準備コース」があります。このコースにいる正也くんの様子を考察してみましょう。

正也くんは妹と二人兄妹で，サッカー少年にはちょっと見えない色白でポッチャリとした男の子です。初めて会った時は，まじめそうなわりと大人びた感じのおとなしい子どもだと思いましたが，ゲームなどをやって負けそうになったりすると（私の方もあえて感情表現をオーバーに出して盛り上げようといろいろやってみたんですよ！）「超むずいー！（すごくむずかしい，という意味)」ですとか「超わかんねー」と大きな声で叫ぶ姿を見せるようになり「あー普通の現代っ子だった。よかった！」と妙な安心感を覚えたものです。彼は音楽教室でピアノも習っており，この英語教室のレッスンの直前まで別の部屋でピアノを習っているという過密スケジュール

をうまくこなしています。やはり彼も小さい頃から音楽にふれてきているので，英語に必要な「リズム」感がとてもよく，5年生で初めて英語を習うにもかかわらず上手にリズムカルに真似をしていきます。しかし，前述した「臨界期」を過ぎているせいでしょうか，残念なことに発音の面ではたびたび聞き取れない，もしくは言いにくい言葉がでてくるようなのです。例えば，テキストの一文を読んだ時などは，

　私：There is a soccer club in our school.
　正也くん：ぜ……えっ何？
　私：There is a soccer club in our school.
　正也くん：There（言いづらそうに）is a soccer club in our school.

と言いにくそうでしたし，また，

　私：Whose pencil is this?
　正也くん：Whose pencil is　ディ，えっジス？　ディス？

というように"this"が聞き取れず，thの発音がうまくできなくて苦労しています。別の言葉では，例えば，

　私：Which do you prefer, juice or soda?
　正也くん：Which do you　プリパー……
　私：Which do you preFER（ferの部分を強調して），juice or soda?

"prefer"という破裂音とrで構成された言葉は，いつも発音が

第3章　クラス風景と子どもたちの変化

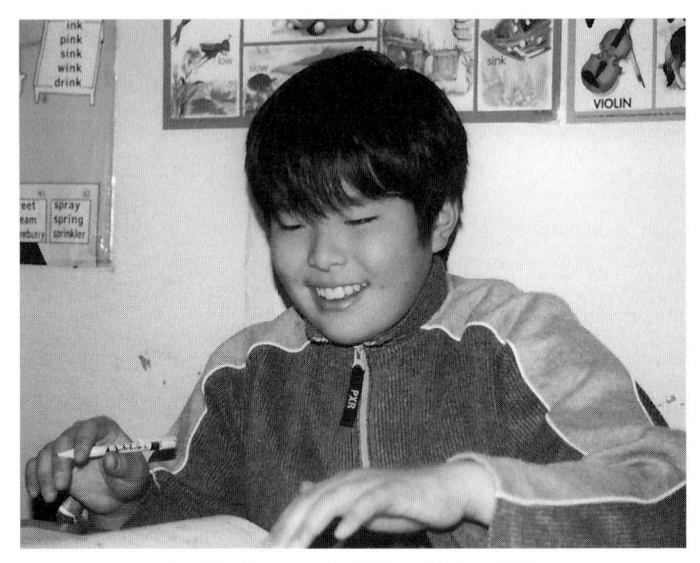

リズム感を生かして英語の音声を再現

しにくそうです。ただ彼の場合は、文を「読む」ことはまだ発展途上ですが、耳を最大限頼りにCDから流れてくる文のイントネーションやアクセントを忠実に再現できる能力を持っていますので、多少発音しにくい単語が出てきてもそれらしく聞かせてしまうところがすごいのです。ワークブックで取り上げているマザーグースのライムに以下のような唄があります。

Hey diddle diddle.
The cat and the fiddle.
The cow jumped over the moon.
The little dog laughed to see such sport.
And the dish ran away with the spoon.

なんともキテレツなrhymeなのですが、彼はテープを何回も聞い

て一生懸命真似をし，うまくいかないと実にくやしそうな顔をしてがんばって覚えてくれました。

　また年齢も関係があると思うのですが，1，2年生の入会コースから始めた子どもたちに比べ文字に対する認識は高く，アルファベットの大文字小文字もすぐに覚えられました。単語を覚えたり書いたりすることも抵抗なく身についていくようです。その反面，やはり数多くの英語を聞き慣れていないせいか，質問の意味がわからないことも多く，内容が難しくなってくると身振り手振りだけでは説明できないシチュエーションにたびたび遭遇します。現在進行形や，現在形，過去形の違いを説明するのに，やはり全て英語でというわけにはなかなかいかないのがこの年齢のコースの難しさです。先日彼も「英語グレード」のテストBを初めて受験したのですが，なかなかの成績をとっており，テストBを受験した子どもたちの中では一番年齢も上でしたが，結果も一番良かったように思います。

　ただこのテスト結果については，点数だけですべてを判断できるというわけではありません。早く英語を習っていたからと言って，一概に良い点数をとるとは限らない部分もあります。例えば前述した小学2年生の彰彦くんは，小さい頃から始めて既に5年ほど英語に接してきていますので，ヒヤリング力は抜群で総合的な力はあるのですが，まだ「文字」に関しての認識力が十分ではないため，どうしてもリーディングの部分になると思うように問題を解けなくなってしまうようです。同じぐらいの年数でも小学1年ぐらいから始めた子どもは，現在4年生なのでそれなりに「読み書き」の力がついてきているということもあって比較的高得点を取ることができるのです。将来的には，彰彦くんが5年生ぐらいになった時には，恐らくテストAの方で2，3級は軽くとれるだろうと予想（期待）はしています。ですから，受験した時の年齢や，その子の得意とす

る能力の違いによってテスト結果に影響してくることがあると含んだ上で，次のステップに向かうことが重要かと思います。

　この「中学準備コース」とは別に，同年齢で下から上がってきた子どもたち用進級コースとして「アドバンスコース」が２年間ありますが，現在クラスを持っておりませんので，また別の機会にお話できればと思います。

❄ 12歳の課題，そしてこれから

　では最後に，当こどもの英語教室の最終コースである「イングリッシュセミナー」の子どもたちの様子を考察してみましょう。

　このコースの子どもは，最初の「リズムでえいご」のコース（２歳）から始めたとすると10年間は英語に接してきたことになりますが，残念ながら私が受け持っているクラスの美奈子ちゃんや幸広くんは小学２年生と４年生からの途中入会組でしたので，４，５年英語に接してきた子どもたちということになります。小学６年生の美奈子ちゃんは，目がぱっちりとした背の高い女の子で，以前は一つ上の女の子たち４人と「アドバンスコース」にいました。他の３人が中学生になって退会して行ったため，他の曜日で同じ「アドバンスコース」にいた幸広くん（現在中学１年生）と「イングリッシュセミナーコース」へ一緒に進級しました。彼女はとても真面目な生徒で何でもそつなくこなします。「アドバンスコース」でリスニング，スピーキング，リーディング，ライティングの総合的な力をつけてきましたので，この「イングリッシュセミナー」でも遺憾なくその力を発揮してくれます。このコースは，ヤマハが推奨する *Touchdown*（Longman）などのテキストを元にレッスンを進めていますが，わりあいと講師の裁量にまかされる部分も大きくいろいろと内容を自由に変えることが出来るコースになっています。

これは名前なの？？？

　この *Touchdown* というテキストは，ESL（English as a Second Language＝第二公用語として習う英語）やEFL（English as a Foreign Language＝外国語として習う英語）を習う子どもたち向けに作られているものなので，外国のテキストであるにもかかわらず文章や会話文も比較的わかりやすく絵もふんだんに使われています。テープを聴いて空白になっている会話を埋めたり正しい順番に直したり，またロールプレイングではそれぞれの役になりきって会話を練習したりします。もう美奈子ちゃんほどの実力がついてくると，これから中学校で習う英語が簡単で簡単でしかたがないと思うのですが，そんな彼女にも苦手なものが幾つかあります。一つは，文章を読んだ時に大文字から始まる単語（固有名詞）が出てくるとそれが名前なのか地名なのか，男なのか女なのか，今ひとつピンと来ないらしい，ということです（このテキストでは初めて接する実に多くの名前，地名，国名が出てきますので無理もないかもしれませんが……）。

　私：OK. Minako, will you read the sentence?
　美奈子ちゃん：Hi, I'm Garry. I live in Atlanta. Atlanta's in Georgia, in the United States.
　私：Good. Now where does Garry live?
　美奈子ちゃん：She lives in Atlanta.
　私：He lives in Atlanta. Minako, Garry is a boy.
　美奈子ちゃん：えっGarryって男なの？
　私：Yes. Now where is Atlanta?
　美奈子ちゃん：〈ちょっと迷いながら〉United States.
　私：Ye-yes. But which state? Where in the United States?
　美奈子ちゃん：〈きょとんとしながら〉Georgia?……って何？

私：〈壁にかかっている地図を示しながら〉It's one of the states in the United States.
　〈細かい地図ではなかったので，この後少し日本語で補足〉

　これは，いろんな単語と接してセンスをつかむしかないとは思いますが，「先生これ何？」といつも真剣に困った顔できいてくるのでなんだかかわいそうになってしまいます。そしてもう一つは，「作文」です。「アドバンスコース」では，自分や家族のこと，友達のことなどを習った会話をもとに自分で文章を組み立てる作業を何回も繰り返し行ってきたのですが，美奈子ちゃんだけでなく他の子どもたちもなかなか自力で一つの文章を作り上げることは難しかったようです。耳から入ってきているとはいえ，それを文字にして書きおこしたり，自分のこととして置き換えて文を作るのは，大人でも難しいことですものね。

　しかし，こういった力は，これから中学に行って単語の書き取りなどで「書ける」語彙を増やし，たくさんの文章と接していくことによって後からついてくる力ですので，まず心配はないと思っています。心配をするとしたら今後受験英語にどっぷり浸かるようになって，今まで培ってきたリスニング力やスピーキング力が後退することがなければいいということですね。この春彼女もいよいよ中学生になり，この教室を卒業することになるのですが，唯一それだけが気がかりです。

もっとリズムカルに！　さん，はい！
　さてもう一人の幸広くんの方ですが，彼は芸能人のマイケル富岡さんとTOKIOの国分太一くんを足して2で割ったようなハンサムくんで（かなり私的感情入っていますね）初めて会った時は，私の首ほどの背丈しかなかったのに今では同じくらいに成長して「男

の子は成長が早いわねえ」なんて母親の気分で彼をいつも眺めています。こんな息子がいたらきっと「今の女の子，だれなの？？!!」と彼の回りの女の子に目くじらをたてていたかもしれないなあ（おっと，いけない，いけない。あやしい先生になってしまいますね）。彼はうちの教室に来る前は別の英語教室で英語を習っていたということですが，話によればゲームばかりをやっていてテキストらしいテキストも使わなかったと言っています。そのせいでしょうか，残念ながら私の質問を質問だと思わず繰り返し言ったり，意味がわからなかったりすることが時々あります。そういう時は，答えやすいように Yes?/No?と聞き返したり，答えを It's....と頭出ししてあげて促すようにしています。

　しかし，さすがに中学生だけあって言い換えなどの応用力は身についているようですし，書ける単語の数もだいぶ増えているのがわかります。文法などの「英語のきまり」も理解できるようになっていますし，使いこなせるようになってきています。しかし，彼も美奈子ちゃん同様，固有名詞が何であるか区別はつかないようです。彼らを2，3歳の頃から教えていれば発音を含めた総合力がどのように変化し成長してきたか把握できるところなのですが，前任の先生から引き継いだクラスということもあって，残念ながらめざましい変化というのは目にすることができません。適期教育という側面から見ると，「アドバンスコース」の流れからこの時期は「話す」「聞く」をさらに充実させながら「読む」「書く」に慣れ親しんでいってもらうようにしていますが，前述したように単語や文章が読めるようになると，英語のリズムが損なわれポツポツとした読み方にどうしてもなってしまう傾向にあります。物語を読む時も，会話文を読んでみる時も単語一つ一つを「読む」ことに集中してしまって一連の流れとして「言う」ことが忘れられてしまうのです。読めない時期の子どもたちは耳だけが頼りですから，聞いたままの文を

言うことができるのに対し、この年代の子どもたちはなんとか自力で読みこなそうとしているように見えますね。その努力は努力としてとてもすばらしいことですが、自然な英語の読み方としてはやはり難があります。ですから、ポツポツとした棒読みにならないように、会話文などはその場ですぐ暗記してもらい、相手と対話している雰囲気で英語のリズムを思い出してもらうようにしています。

モジモジくん，ニヤニヤちゃんはいけません

　思春期にさしかかる子どもたちはどうしても「はじらい」というものが出てきてしまうらしく、ましてやこのクラスは女の子と男の子が一人ずつしかいませんのでよけいに照れくさいんでしょうね、まともに相手の顔を見ませんし、名前を呼び捨てするのにもいつも躊躇している雰囲気が感じられます。かわいいと言えばかわいいのですが、英語を話すのに「恥ずかしさ」は禁物です。よく外国人の日本人評に「日本人は相手の目を見て話さない。ニヤニヤしていて何を考えているのかわからない」といったことを聞きますが、英語がうまく話せない不安感と照れ隠しの意味もあって下を向いたりニヤニヤしたりしてしまう部分も多いと思います。しかしそれでは相手に自分の明確な意志を伝えることはできませんし、「コミュニケーション」はうまく成立しません。相手の目をしっかりと見て（ちょっと怖ければ相手の口あたりを見るのもいいでしょう）、自信を持って話すことが英語を話す場面では大変必要になってきます。恥ずかしいことなど何にもなくて、大勢の中でも平気で、それも一生懸命英語を話そうとした少女・少年時代の勇気と好奇心が、大人になっても人々の中に生き続けていてくれたら、もっともっとたくさんの日本人は外国人の前でも堂々としていられるのに、と思います。

　日本では美徳とされる遠慮・控えめな態度は、世界では単純に

「この人は自信がないのね。意見がないのね。」ととられてしまうことが多いでしょう。日本語でも英語でも，今の若者達にありがちな一方的で意味不明な（一応流行語なんでしょうが……）話し方ではなく，明確に相手に正しい「言葉」で「気持ち」を伝えられるかが，「コミュニケーション」にはとても重要なポイントだと思います。こと英語に関しては，「仮定法過去完了」がわかって問題が解けるよりも（それもそれで楽しいと思う人はいるかもしれませんが），「あーお腹がすいた！　今日はイタリアンが食べたい気分。あなたおすすめのステキなレストラン教えてくれない？」とういうような言葉を言えた方がどんなに楽しくて生き生きした会話が楽しめるか，「コミュニケーション」の醍醐味を味わえるかって思いませんか。

❄ 輝く未来の子どもたち

　さあ，いかがでしたでしょうか。今までレッスンのごく一部と子どもたちの変化の様子をご紹介してきましたが，子どもたちのすばらしい能力に驚かれたのではないでしょうか？　でも，この能力はどの子どもも持っているもので，それをどのようしてうまく引き出してあげるかが，重要なポイントとなってくるわけです。

　「この子は，音感がよくてとてもおしゃべりが好きだから，もっともっといろんな英語を聞かせてあげて，話す機会を持たせてあげたい。」

　「この子は，字を覚えるのがとても早くて書くことが好きだから，たくさん新しい単語を教えてあげよう。」

子どもの覚え方は様々です。その長所を生かしつつ,苦手なところをできるだけ楽しく克服させてあげるのが私の役目だと考えています。できれば,その「苦手」な部分をつくらないような,意識させないようなレッスン内容と,なんといっても私自身が楽しみを分かち合っているという気持ちで臨むことが大切だ,とこの本をまとめながら,改めて考えさせられました。

　この子どもたちが,将来どんな道に進むのか考えるととてもワクワクしますが,いつか昔を振り返って「あの時,理佐先生に英語を教わってよかったなあ」なんてチラッとでも思ってくれたら,講師冥利に尽きますよね。もう,うるうるもんですよ,これは！

　キラキラと輝くようなエネルギーを発している子どもたちから,元気パワーをたくさんもらいながら,私は今日もはりきってレッスンに向かっています。

第4章
家庭での子どもとの関わり方／小学校の「英語」とのかね合い

レッスンでも様々な表情を見せてくれる子どもたち。一体家庭ではどんな様子でお母さん方と接しているのでしょう。何人かの事例を紹介しながら、家庭における子どもとの関わり方について考えてみたいと思います。

❋ 樋口希美子ちゃんの場合（小学１年生）

　私が希美子ちゃんと初めて出会ったのは，彼女がまだ４歳の時でした。レッスン考察では彼女が５歳の時のことを主にご紹介しましたが，今は大きなランドセルを背負って楽しそうに小学校に通う１年生です。彼女は早生まれのせいもあって，他の子どもより小柄で声も小さく，レッスンではちょっと怖そうな曲がかかると泣いてしまうような子どもでした。それでもいつもきちんとレッスンには参加し，楽しそうに歌ったり踊ったりしてくれていました。

　５歳頃になって，一緒にレッスンに来ていたクラスメートの妹を気づかったりだんだんとお姉さんっぽくなっていくのを，微笑ましく見ていたものです。彼女に変化が現れ始めたのもこの頃です。舌足らずだった日本語もしっかりした口調になり，自分から私に話し掛けるようになってきました。レッスンでも大きな声で歌ったり話したりするようになり，みるみるうちになんだか自信が備わってきたなあ，という感じでした。そしてその自信を証明するかのように，アルファベットの大文字，小文字を難なく覚えていったのです。レッスン考察でもご紹介しましたように，この４〜５歳の年齢でアルファベットを導入するのですが，覚え方としては"A　for apple"といったセットで覚えてもらう方法をとっています。

　私：OK. Kids, let's do the alphabet.〈アルファベットカードを見せながら〉

アルファベットカードを活用して

'A' for....
希美子ちゃん:〈真っ先に〉Apple.
私:'B' for....
希美子ちゃん:Box.
私:Very good!

この逆のパターンで、アルファベットをマットの上に並べ、私が"Cat"と言ったら子どもたちには'C'のカードを取ってもらうようなゲームでも、希美子ちゃんは誰よりも早くみつけることができました。記憶力がいいのか、視覚的に物事を捉えるのが得意なのか、あるいは、お家で熱心にアルファベットの練習をしているのか、その理由にとても興味がわきました。

彼女が小学校に上がり、レッスン自体も歌やゲームばかりでなく、机の上でテキストを使ったいわゆる「お教室」的な内容になっ

て間もなく,数字の言い方の復習(彼女たちはすでに1～10までは前のクラスで学習済み)をしていた時でした。数字カードを使って神経衰弱のようなゲームをしてみました。数字のカードの裏にはその数字の英語が書かれていますが,まだ読むことができないだろうとそのまま裏返しにし,ゲームを進めていました。ところが,希美子ちゃんの番になると,カードを取るわ取るわ,次から次へとペアを作っていきます。「えっ,まさかあ!」と半信半疑だった私は,ほとんどのカードを取ってしまった希美子ちゃんに後で実験をしてみました。

 私:〈カードの裏の英語を見せながら〉Kimiko, can you read this number? What number is this?
 希美子ちゃん:One.
 私:〈きっと覚えているのは最初の方だけだよね〉Very good! Now what number is this?
 希美子ちゃん:Five.
 私:How about this?
 希美子ちゃん:Ten.
 私:Wow! You can read them, can you? 希美子ちゃん英語読めるんだ!〈と思わず日本語が飛び出す〉
 希美子ちゃん:うん,希美ちゃんの知らない間に頭に入っちゃうの。
 私:へーそうなんだ。すごいねえ。〈完全に圧倒されている〉
 達子ちゃん:希美ちゃん,すご〜い!〈他の子どもも呆然〉

まだ大半の子どもがアルファベットを覚えている途中という段階で,彼女だけなぜこんなに読めるのか,きっとこれには秘密がある,お家での英才教育があるに違いない,とさっそくお母さんにイ

ンタビューをお願いしました。

　希美子ちゃんのお母さん樋口さんは，30代半ばの穏やかな方で，希美子ちゃんの髪型をいつもピシッとかわいいピンやリボンでまとめています。以下が主な質問内容です。

① 英語を習わせようと思ったきっかけは何ですか？
　——自分たち親が得意ではないので，「話せたらいいなあ」とあこがれていた。日本語の教育番組の後にやっていた子ども向け英語番組を2, 3歳の頃から見ており，また何かの広告で英語は小さいうちからやった方がいいということを見て，近所のお友達と一緒に通い始めた。
② この英語教室にした理由は何ですか。
　——ちょうどDMが家に来ており，音楽教室もどうしようかと迷ったが，英語教室の方は歌も踊りもあり希美子ちゃんが両方好きだったので一石二鳥だと思って決めた。
③ 家ではどのように英語と接していますか。
　——希美子ちゃんが生まれた時に祖父母に買ってもらった某キャラクターのビデオ教材を子守唄代わりに見ていた。歌がたくさんあり，ビデオを見ながら歌ったり踊ったりしていた。歌から入ったのがよかったようで，それからも本人から積極的に見たがった。また，アルファベットの絵辞典が好きで，よく一人でながめたりしていた。どうやら文字に興味がある感じだったが，特に親子で練習したりすることはなかった。どちらかというと本人に好きなことをやらせる放任主義だったと思う。
④ 英語について将来の夢などありますか。
　——いつかアメリカのレジャーランドに行って希美子ちゃんに案内してもらいたい。小学校での英語教育が始まることもかな

り意識しているが,小さいうちから何か一つ得意なものを持って自信を持ってもらいたい。英語を習っていると将来どの道に進むか選択の幅が広がると思う。外国人ともお話ができるようになってもらいたい。

お話をお伺いして驚いたのは,特に家庭において積極的に英語で話しかけたり言わせたり,あるいはカードゲームなどをすることはなく,本人が進んで何かをしたい時に,その環境を与えてあげただけということでした。自分が興味があってビデオを楽しみ,辞典を読み,それが自然に希美子ちゃんの頭へ刻み込まれていったということです。本人も言ってましたっけ,「希美ちゃんの知らない間に頭に入っちゃうの」と。本人が意識して覚えているわけではなく,なんとなくおもしろいから記憶として残っているんですね。テキストのロールプレイングの時なども,もちろんCDなどを何回も聞いてセリフを覚えるのでしょうが,他の子と違って彼女は文を目で追っていますから,視覚的に捉えるのがやはり好きであり,得意なようです。それに加えて,リズムカルに話す真似もできますので,子どもの潜在能力のすごさに改めて感心しました。

※ 下村未帆ちゃんの場合(3歳)

　未帆ちゃんは昨年の春(2000年)入りたての3歳の女の子です。初めて彼女に会ったのは体験レッスンの時でした。教室になかなか入ろうとしなかった彼女に優しく話しかけ,なんとかマットの上へ上がってくれるよう説得したのをよく覚えています。おそるおそる靴を脱いで乗る未帆ちゃん。簡単な自己紹介の後,ミニレッスンを始めるためCDをかけました。すると,驚いたことにすごくのりのいい感じで一緒に手をたたいてくれるではありませんか!

"Very good!" ほとんどの子どもが，私が突然英語を話し始めると「なに，それ？」といった面持ちでギョッとしながら固くなるのに対し，彼女の場合はむしろ英語の歌を聞くやいなや水を得た魚のように元気を取り戻しました。そして最後まで一生懸命真似をして楽しんでくれました。体験レッスンが終わった後にお母さんとお話している時も，一人空想の世界で何やら楽しげに遊んでいました。私は，なんだか幼い頃の自分の姿を見ているようで，とても嬉しくなってしまいました。彼女は，一緒に参加した将太くんのことも気に入ったらしく，「将太くんも未帆ちゃんと一緒に入ろう」としきりに誘ってくれていました。おかげで，将太くんもめでたく未帆ちゃんのクラスメートとなりました。

　レッスン中の彼女は，この体験レッスンの印象そのままで，先頭をきって上手に歌って踊ってくれています。彼女の特徴は，なんといっても反応の良さでした。例えば，"I'm sorry." というチャンツがあるのですが，これは子どもとお母さんの会話仕立てになっていて，

　子ども：I'm sorry. I'm sorry.
　お母さん：That's all right. That's all right.
　子ども：I'm sorry. I'm sorry.
　お母さん：Don't worry. Don't worry.
　子ども：I'm sorry. I'm sorry.
　お母さん：It's not your fault. It's not your fault.
　子ども：I'm sorry mommy.
　お母さん：That's all right, sweetheart.

最終的にそれぞれのパートを歌えるようになるのが目標となっています。この歌を，お母さんと一緒に歌っている彼女の様子を見てい

ると，かなりレッスンの初めの頃からパートに分かれて歌っているのがわかりました。また絵本の読み聞かせの時でも，

> 私：〈主人公の Hoppy が，お母さんのお手伝いでかごに入った卵を運ぼうとして一つ落として割ってしまった時〉Bump. Crush. Oops. I'm sorry.
> 未帆ちゃん：〈すかさず〉That's all right.
> 私：Wow, Miho. Very good.

と，セリフが返ってくるのです。この後2回卵を落とす場面があるのですが，"I'm sorry."というセリフの後には必ず未帆ちゃんの"That's all right."の答えが聞こえてきました。また，名札を渡す時も，

> 私：Whose name tag is this?〈次々と名札を子どもたちに見せながら渡す〉
> 未帆ちゃん：〈自分のが見せられると〉あっ！　未帆ちゃんの。It's mine.
> 私：Yes! This is your name tag. Very good!

と英語で答えています。実はこの"It's mine."という表現も，チャンツでやっているものですが，彼女の場合チャンツの中だけでなく実際の場面でも正確に使うことができるようです。私は，その反応の良さにただただ唖然としてしまいました。彼女こそお家で熱心に，お母さんと一緒に英語と接しているに違いないと思い，インタビューをお願いしました。

　未帆ちゃんのお母さん下村さんも，ゆっくりとしたしゃべり方の穏やかな方で，レッスン中は未帆ちゃんと一緒になって楽しそうに

歌ってくれるお母さんです。

① 英語を習わせようと思ったきっかけは何ですか。
——私自身が英語の歌が好きだったので，英語の歌をたくさん聞かせたいと思っていた。また，英語塾を経営していたこともあり，胎教が英語だった。出産祝いにもらったCDがたまたま英語の歌だったので，子守唄代わりに聞かせていた。ただ，「絶対英語を習わせよう」と思っていたわけではなく，体験レッスンで本人が気に入った様子だったので自然に通わせようと思った。
② この英語教室にした理由は何ですか。
——やはり，自分が英語の歌が好きなのもあってここの教室の歌はかなりよくできていると思った。また，本人が講師をたいへん気に入りやる気があったので決めた。
③ 家ではどのように英語と接していますか。
——私が字幕つきの英語のアニメを見ていると本人も興味を持ち，一緒によく見ていた。出てくる主人公を気にいると，主題歌を覚えてしまうことが多い。また英語のセリフを聞いて興味を持ち何と言っているのか知りたがり，それから真似をして覚えてしまう。例えば白雪姫の物語で，

　　魔女：Mirror mirror on the wall. Who in this land is the fairest of all?

というセリフも節回しがおもしろいのか，聞いてすぐに覚えてしまった。また日常的な遊びの中で「お買い物ごっこ」をする時などは必ず役割分担をしながら，

　　下村さん：May I help you?

未帆ちゃん：Banana, please.

といった簡単な会話を自然に行っている。アルファベットも，家にあった教材などを利用して，

　　下村さん：はい，この 'A' はこの 'a' とお友達。

などと言いながら，いつの間にか大文字と小文字を覚えてしまった。ひらがなには全く興味を示さず，英語のみ興味があるようだ。今は，数の概念を教えている段階で，1〜10まで英語でも言えるようになった。

　教室の教材に関しては，最初の頃あまり興味を示さなかったが，私自身がチャンツなどの重要性を認識し始めたころ，一緒にCDを熱心に聞くようになった。また，歌にありがちな「語尾の消失」も，はっきりとわかるように歌ってあげたりして覚えてもらっている。チャンツも，パートに分けて，母親役をやったり子ども役をやったりしている。その間じっとすわってやっている。最近では，先生役も好きで，レッスンでやっている講師の様子を再現している。また，チャンツで "May I?" というのがあるのだがある時庭で水まきをしていると，未帆ちゃんがやってきて，

　未帆ちゃん：May I?
　下村さん：えっ，あっいいよ。
　未帆ちゃん：ママ，Sure. でしょ。
　下村さん：〈すっかりチャンツの内容を忘れていて〉あっ，
　　　　　　Sure!

と慌てて答える場面などもあった。

とにかく，特定のものだけしか与えないといった制限をつけない代わりに，お金もかけないが，本人が納得した上で希望する環境を与えてあげている。

④ 英語について将来の夢などありますか。
——世の中のいろんな人に出会って感動できる素直な人間になってほしい。偏見のない柔軟な心を持った子に育ってほしい。また，本人が希望するのであれば，中学からでも留学させたいと思っている。

この他にも，下村さんのお話の中には，これから小学校で英語が導入されることについて，その内容がいささか不安であることと，また未帆ちゃんが中学に行って今まで培ってきたものがつぶされる心配があることを懸念している様子が伺えました。

未帆ちゃんのように，たまたまお母さんが英語と接する機会が過去に多くあり，歌を通して自然に英語の持つおもしろさを伝えられる環境にあるというのは，まさしく理想的であると思います。それも，無理におしつけたり英語漬けにするわけではなく，本人が「見たい，聞きたい，言いたい」ことを持った上で，その環境を与えられるというのはとてもすばらしいことです。よく歌が好きな子どもが，歩きながら鼻歌を歌っていることがあります。未帆ちゃんの場合それが英語の歌で，回りの人からは怪訝な顔をされるとお母さんは言っていましたが，私はまさしく自分がそうであったこと，そしてそんな光景が日常的に見られるのが私の夢であることなどをお伝えしました。好きな歌が英語の歌で，好きになったのをきっかけに，英語のおもろしさをますます追求しようと子どもたちが思ってくれるのなら，こんなうれしいことはありません。

また，未帆ちゃんとお母さんとの関係でとても印象深いのが，必ずお母さんは未帆ちゃんの言ったこと，感じたことに対して，きち

この真剣さを大切に英語力を伸ばしてあげたい

んと答え,同じように感じてあげようとしているところです。下村さんは穏やかであるけれども,とても感情表現が豊かで,未帆ちゃんも同じように感情表現が豊かな感受性の鋭い子です。3歳ながら,他の子どもたちを見て「美香ちゃん,かわいい」とほめてあげたり,泣いている子を見て「大丈夫?」と気遣ったりするような優しさがあるのです。また,私のその日の様子を見て「今日先生元気なかったけど大丈夫かなあ?」と家でお母さんと心配してくれたりしているということを聞いて,人を思いやる気持ちがもうこの年齢で芽生えているということに,本当に感動しています。これはやはり,常日頃お母さんとのコミュニケーションがしっかりとれていることの現れでしょう。その際,お母さんの気持ちや思いやりがそのまま伝わり,未帆ちゃんは同じような行動をとるようになっているのだと思います。

　これを英語と接する場面に置き換えても,同じことが言えると思

うのです。

「お母さんがうれしそうにビデオを見ている。英語の歌を歌っている。英語を話している。だったら私も見てみようかな。歌ってみようかな。お話してみようかな。」

お母さんの気持ちは，ストレートに子どもに伝わります。イライラしていると，子どもも敏感に感じ取って神経質になりがちです。お母さんがゆったりとした気持ちで，「これおもしろいね，楽しいね。」と言葉であれ行動であれ表してあげると，きっと子どもも一緒になって楽しむはずです。「子どもは親の鏡」とはよく言ったもので，お母さんの一挙一同，一言一言を，小さな体で受けとめているんですよ。そして，その行動や言葉を同じように身につけていくんです。

「でも，英語って苦手だし……」

そう，思っているお母さんは，一人だけではありません。たまに未帆ちゃんのお母さんのような方もいますが，大半は希美子ちゃんのお母さんのように「自分ができなかったので，せめて子どもにだけは苦労させたくない」と思って英語教室に通わせ始める方ばかりです。でも，そこで教室まかせ，ビデオやCDの流しっぱなし，では子どもも飽きてきますし，なかなか英語の楽しみ方は身につかないものです。未帆ちゃんのお母さんも言っていましたが，「英語——言葉は生きているものだから，コミュニケーションが何より大事。一方的に情報を与えるだけではダメ」なんです。人と接し，会話を楽しむことによって言葉は生きてくるものなんです。
　それでは，具体的に何をしたらよいか，考えてみましょう。

第4章　家庭での子どもとの関わり方

(1) とにかく一緒に歌っちゃおう，踊っちゃおう！

これは，市販の CD でもビデオでも何でも構いません。子どもが聞いて楽しめるような英語の歌がたくさん入っているものがいいですね。それを子ども一人で聞くのではなく，おひざの上に乗せて歌ったり，スキンシップを取りながら一緒に歌いましょう。

「私は歌が苦手だから……」

お母さん，何も「歌のお姉さん」のようにならなくてもいいんですよ！　たとえへたっぴいでも一緒にお母さんが歌って楽しんでくれている様子を見るだけでも，子どもはうれしいものですから，ぜひぜひ手拍子などリズムをとりながら歌ってあげましょう。発音？気にしない，気にしない！　お母さんもお勉強をし直すつもりでよ～く聞いて真似をしてみましょう。でも，CD でもビデオでもやはり歌詞やテキストなどが付随しているものの方がいいですね。子どもの方はおそらく，聞いた通りにすぐに真似ができるようになりますけど（きっとお母さんよりずっと早く！）お母さんは目で確認できるものがあった方が安心するでしょう。もし，子どもが「明らかに違う風に歌っているなあ」とわかったら，一緒に楽しみながら正しく歌ってあげましょう。

(2) 簡単な英語の絵本を読んであげよう！

これも市販の物で構いません。ちょっとした本屋さんなら児童書のコーナーに英語の絵本なども置いてありますので，お母さんが手にとって「これなら私でも大丈夫」と思うような物を選んでみてください。お昼寝の前でも夜寝る前でも，あえて「お勉強の時間」をつくらずに，いつも日本語の絵本を読ませているのと同じような状況で読み聞かせてあげて下さい。子どもは，絵を見ながら興味しん

しんといった感じで聞いているはずです。絵を見ていると，自ずと意味もだんだんわかってくるようで，今度は自分から物語を読むようになるかもしれませんよ。もちろん，多少の日本語の補足は必要かもしれません。やはり「発音に自信がないなあ」と思うのであれば，少々お値段は高くなりますがテープやCD付きの絵本もありますので，それらを活用してみたらどうでしょう。この時も一緒に絵本を見ながら"Wow!"とか"Oh, no!"なんて英語の感嘆ことばを言ってあげれば，子どものワクワク・ドキドキ感は増すのではないでしょうか。

(3) 普段の生活の中で使う言葉を，ちょこっと英語に置き換えてみよう！

朝「おはよう！」と言って起きてから「お休み」と言って寝るまでの間，子どもと交わす言葉はたくさんありますよね。それらをちょ〜っと英語で言ってみたらどうでしょう。むずかしいことを言う必要はまったくありません。2，3語の短い言葉で十分です。

―― 朝　編 ――

「おはよう！」	→ "Good morning!"
「起きて！」	→ "Wake up!"
「朝ご飯だよ。」	→ "Breakfast time."
「お顔を洗っておいで。」	→ "Wash your face."
「歯を磨こう。」	→ "Brush your teeth."
「さあ，お着替えしよう。」	→ "Let's get dressed."
「さあ，行こう！」	→ "Let's go!"
「ちょうだい(or〜してもいい？)。」	→ "May I (〜)?"
「おいしいね。」	→ "Yummy, yummy."

―― 昼　間　編 ――

「お腹がすいた。」	→ "I'm hungry."
「のどがかわいた。」	→ "I'm thirsty."
「お昼だよ。」	→ "Lunch time."
「お昼寝の時間だよ。」	→ "Nap time."
「〜はどこ？」	→ "Where's (my) 〜?"
「ごめんなさい。」	→ "I'm sorry."
「はい，どうぞ。」	→ "Here you are."
「お手々を洗っておいで。」	→ "Wash your hands."
「おやつの時間だよ。」	→ "Snack time."
「おしっこは？」	→ "(You want) pee-pee?"
「うんちは？」	→ "(You want) poo-poo?"

―― 遊　び　編 ――

「気をつけて。」	→ "Be careful." "Watch out."
「楽しいね！」	→ "It's fun!"
「さあ競争だよ！」	→ "Ready go!"
「これは何？」	→ "What's this?"
「よくできました！」	→ "Good job!" "Very good!"
「〜はいくつ？」	→ "How many 〜 ?"
「〜を貸して（お願い）。」	→ "〜 please."
「順番でやろうね。」	→ "Let's take turns."
「誰の順番？」	→ "Whose turn?"
「私の番。」	→ "My turn."
「お家に帰るよ。」	→ "Let's go home."
「おかたづけだよ。」	→ "Clean up time."
「バイバイ！」	→ "Good-bye!" "See you!"
「ありがとう。」	→ "Thank you."

―― 夜　編 ――

「夕飯だよ。」	→ "Dinner time."
「テレビを見よう。」	→ "Let's watch the TV."
「お風呂に入ろう。」	→ "Let's take a bath."
「寝る時間よ。」	→ "Bed time."
「お休み。」	→ "Good night." "Nighty-night."

英語で話し掛けている時は，なるべく日本語に訳さずに身振り手振りで示してあげてください。とにかく自然にたくさん聞かせてあげることが大切ですので，たとえ子どもの反応がはっきりしなくても，無理やり言わせるようなことはしない方がいいでしょう。おもしろいと思えば，子ども自ら話すようにきっとなるはずですから。あせりは禁物です。

⑷ アルファベットは4歳以上から徐々に，あくまで"おまけ"と考えよう！

多くのお母さん方は，もう2，3歳のうちからアルファベットを覚えさせようと必死になりますが，適期という観点からいうと，まだ2，3歳では早すぎるでしょう。第3章でも述べましたが，この時期はとにかくたくさん聞かせることが第1，アルファベットはあくまでおまけと考えて下さい。絵本にしろカード類にしろ，英語が書かれてあるものを見せるのはいっこうに構いませんが，それをあえて「これはA，これはB」と教える必要はありません。ただし，子どもが興味を持って聞いてくる場合は，教えてあげましょう。その時，"'A' for Alligator."のように必ずそれを含む単語も一緒に発音してあげましょう。アルファベットは，単語になると文字そのままの発音ができない場合が多いことを，いつも念頭に入れておいて

下さい。4歳以上になったら，当てっこゲームをしたり，塗り絵的な絵本などを活用して，形の違いを理解させたり，その文字で始まる単語などとセットで覚えるようにするといいでしょう。お買い物に行った時に，町やお店で見かける英語を一緒に探してみるのもいいですね。「Aのつく英語がいくつ見つかるかお母さんと競争しよう！」っていう感じで，キョロキョロするのも楽しいかもしれません。

　数の言い方も遊びの中で"One, two, jump!"と言って跳んでみたり，おやつを一緒に数えてみたりするなど，何気なく使ってみるといいでしょう。

❀ 小学校以上の子どもと英語

　小学校以上になると，今度は「学校の勉強」がメインになりますので，英語と関われる時間が減る場合がほとんどです。子どもたち自身も，学校の活動や友達との遊びの方がどうしてもおもしろくなり，英語への関心も薄くなりがちです。お母さん方の中には，またお勤めを始めるという方も多くいることでしょう。そうすると，親と子どもの両方にとって英語は二の次になり，ましてや一緒に楽しむ時間などはほとんどなくなってしまいます。せっかく小さい頃から始めたにもかかわらず，この時期になってやめてしまうというケースをよく見かけます。しかし，英語のおもしろさはここからもっともっと深くなるんですよ。「歌って踊って，あー楽しかった」英語が，「わかって，言えて，読めて，書ける」英語へと幅が広がっていくのですから，これからがいよいよ本番と言ってもいいでしょう。今まで英語のシャワーをたくさん浴びてきた小さなつぼみが，徐々に花開くのはこの時期なのですから。では，見事な花を咲かせるためにはどうしたらいいのでしょう。

「継続は力なり」。まずは続けることが大切です。お母さんがどんなに忙しくても，子どもが遊びに熱中していても，一日一回15分程度でもいいでしょう，レッスンでやったことを復習したり一緒にテキストを見たりする時間を作ってあげて下さい。英語教室に通っていない場合でも，ビンゴゲームをして遊んだり，英文がやや長めの絵本を一緒に読んだりしてあげてください。また，「お手伝いして」というような親子が交わす日常会話を英語にしてみるなど，英語と接する時間は必ず作ってあげてください。

小学校以上の子どもは，意思表示もはっきりしてきますので，おもしろくなかったり興味がないことは，自分からはなかなかしようとしません。ですから，単に「英語の勉強をしなさい」と言うだけでは，お母さんの思惑通り動いてはくれないでしょう。何か一つ単語やフレーズを覚えるにしても一工夫が必要です。方法としては，達成感を持たせるために，あらかじめ欲しい物を決めておいて「一日3個覚えられたら，スタンプを1個，スタンプが10個集まったら3番目に欲しいものを，20個集まったら2番目に欲しいいものを，30個だと一番欲しいものがゲットできる」，のようなルールを決めるのも一つの案です。「物で釣るのはどうも……」と思うのであれば，家族みんなでできる目標（海外旅行に行く，レジャーランドに行くなど）を立てるなど，それぞれの家庭にあったものを選んで，子どもの意欲を持続できる工夫をしてあげてください。

また，大切なことは，子どもをほめてあげるということです。英語というものは，日常生活ではほとんど使うことがないのですから，そのような特殊なものをがんばって習っている子どもたちに「すごいね。これ読めるんだ。お母さんよりずっと上手だね。がんばってるね。」という驚きと尊敬の言葉をかけてあげてください。それが子どもの自信につながります。誰にもできないことを自分ができる，そういう自覚はとても大切です。

一番大切なのはコミュニケーションを大事にする心

　小学校以上でも，教室まかせにせず，常に子どもと子どものやっていることに関心を示してあげてください。そして，英語を使うにせよ，そうでない時にせよ学校の様子やお友達の話など，時間のある限りいろいろな話をして子どもとのコミュニケーションを大事にして下さい。それが一番子どもにとってうれしいことのはずですから……。

✿ 小学校に「英語」が導入されてから

　2002年からいよいよ本格的に「総合的な学習の時間」の中で英語を導入してもよいことになります。ここで，「小学校で英語を教えてくれるんだからもう英語教室に通わせなくてもいい」と思うお母さんがいるとしたら，すこ〜しお待ち下さい。小学校での英語は，今英語教室で教わっていることとは，色合いが多少異なると予

想されます。

　おそらく「英語を通して国際理解をしよう」という大きな目標をかかげて，いろいろな工夫がそれぞれの小学校でなされると思いますが，形式としては，英語教室で４，５歳児の時期にやったような歌やゲームが中心になるかと思われます。また，アルファベットの導入はせず，もっぱら「聞く」「話す」がメインで，それはそれで「楽しむ」ことはできますが，はたしてどれだけ「英語の総合力」が身につくか疑問に思います。また，教える側も，担任の先生が行うのか，また，ネイティブの外国人講師に依頼するのか学校によって違ってきます。いろいろな負担を考えると，英語を導入しない学校も当然出てきます。

　まあ「初めて英語に親しむ」時間として受けとめたとしても，今まで習ってきた子どもたちやお母さんにしてみれば，英語を使えるようになるという点ではやや物足りなさを感じるかもしれません。ですから，学校では英語教室の復習（！）のつもりで，ゲームではリーダーになるくらいの気持ちで臨むようにし，英語教室では，「聞く」「話す」を相変わらずメインにおきながら４技能を習得していくという心づもりでいた方がいいかもしれませんね。別の章でも述べましたが，小学校英語が中学校の前倒しという形で導入され，アルファベットや単語の書き取りなど「読み・書き」を中心とした「教科」の色合いが濃くなるのは良しとしないのですが，英語教室と学校での授業それぞれのメリットを認識した上で子どもに対する英語教育を考えていただけたらと思っています。

❋ 小学校で可能な英語授業
　── ゲームの紹介

　今まで書いてきたように，子どもは「遊び」がとても好きです。

最近は，ファミコンや一人でも遊べるゲームが流行っていますが，体を動かしながらクラスメートや友達と競争することにも大きな喜びを見出します。授業の中でゲームを取り入れることは，覚えてほしい表現や単語を定着させるのにとても有効です。単に机の上で"Repeat after me."と繰り返すだけでは，「何のために」「どこで」「どう使う」表現なのかピンとこないまま子どもも飽きてしまいますし，なかなか身につかないものです。頭だけでなく，手足，目，耳，口など五感をフルに生かして，体全体で英語のリズム，イントネーションを感じてこそ真に「身につく」というものです。ここでは，そういうゲーム好きな子どもたちにピッタリの「英語ゲーム」をいくつかご紹介しましょう。

1．1～2年生(低学年)用
(1) Head, Shoulders, Knees and Toes（体のパーツを覚えてもらうゲーム）

　レッスン考察でもご紹介しましたが，この歌は遅く歌ったり早く歌ったり，またあるパーツを飛ばして歌うなど，バリエーションに富んだ歌い方ができるのでかなり盛り上がります。

―― 必要なもの ――
歌のテープ（もしくは先生の歌声）

―― 展　開 ――
① まず，"Touch your head, touch your head."とパーツに触れながら何回も名称を聞かせます。Head/Shoulders/Knees/Toes/Eyes/Ears/Mouth/Nose と続きます。それを少しスピードを早めながら"Touch your shoulders. Touch your knees. Touch your toes."と矢継ぎ早にパーツを変えていき

ます（この時，順番通りでなくてもかまいません）。
② 歌に合わせて各パーツに触れます。
③ 先生が伴奏なしで歌いながらまた各パーツに触れていきます。この時，"Slowly." と言った後ゆっくり歌ったり，"Fast." と言って早く歌ったりします。（"Faster." と言ってものすごく早く歌うとかなり子どもたちに受けますよ！）「早い」「遅い」の違いがわかるように動作はあくまでオーバーに行いましょう。
④ 先生対子どもたちの形にしてパートを二つぐらいずつ分担して歌います。徐々に子どもたちだけで歌う部分を増やしていきます。
⑤ 4〜5人ほどのグループにクラスを分けます。各グループは一つのパーツを受け持ち，触れながら歌います。最初はグループごとに歌の順番どおりに並んでもらいますが，慣れてきたら並ぶ順番をいろいろにします。その際，確認のため "Where is head team?" "Here!" と答えてもらった方がいいでしょう。この時歌う順番はそのままです。スピードを早めて歌うと子どもたちも必死に！
⑥ 今度は，グループごとでバラバラに並んだ通りに歌います。多少メロディに乗せにくくなりますが "and" を抜いたり入れたりしながら調整しましょう。
⑦ 歌わないパートを指定します。歌の中でそのパートの部分は動作のみ行います。徐々に歌わない部分を増やしていきます。
⑧ 全て動作だけになったら，最後はみんなで大合唱をしておしまいです。

(2) Yes—No Game

これは，単語や動作，文などの正誤を判断するゲームで，「聞く」

練習にはもってこいのゲームです。いろいろな形で出題できるのでかなり応用がききます（ただし，単語や動作，文などは事前に導入済の場合の方がよいでしょう）。

—— 必要なもの ——
- Yes, No と大きく書いた紙
- 動物，人，数字，動作，色などのピクチャーカード

—— 展　開 ——
① あらかじめ，教室の後ろに Yes, No のカードを貼っておきます。真中にロープなどを置いて仕切っておくと区別しやすいでしょう。
② 簡単な問題から出します。"I'm Lisa. Yes or no?" 子どもたちが分かれたあと，"The answer is 'YES!'" と子どもたちと同時に答えます。"I'm 10 years old. Yes or no?" "The answer is 'NO!'" しばらくは全員で行いますが，次第に正解者のみが参加できるようにしていきます（回りの生徒も一緒に答えていいんですよ）。
③ あらかじめグループに分け，チーム対抗にするのもおもしろいでしょう。
④ "There are 8 alligators in the cage." "This is the way I wash my face." など，文の長さを少しずつ長くしていきます。
⑤ 最後まで多く残ったチームが勝ちです。

2．3〜4年生（中学年）用

1〜2年生よりもう少し「発話」する部分を増やしていきます。各々のゲームは表現をあらかじめ導入しておきます。

(1) Pair Game（ペアゲーム）

　これは，「この動物はこれを食べる」ということを前提に，一つのグループを動物チーム，もう一つを食べ物チームに分け，自分とマッチした相手を探すゲームです。これも事前に"I like apples."や"This is an orange."などの言い方を練習しておきます。

―― 必要なもの ――
・動物の絵（5種類×4程度）　例：ゾウ，ライオン，サル，パンダ，ウサギ
・食べ物の絵（5種類×4程度）　例：りんご，肉，バナナ，竹，草
（それぞれの絵を，細長く切った画用紙に貼り，頭にかぶれるようにしておきます。絵はコピーして作りましょう。）

―― 展　開 ――
① クラスを2つのチームに分けます。子どもたちに後ろを向くように指示し，見えないようにそれぞれの絵を頭にかぶらせます。この時，どんな動物（食べ物）が何種類，何匹（いくつ）いるかは伏せておきます。
② 子どもたちは自分が何の動物・食べ物かわかりません。それをまず見つけるために各々相手チームの子どもに"I like meat."と言い，相手の子どもはかぶっている絵を見て"Yes."か"No."で答えます。その逆も同じです。"This is a banana." "Yes."という具合に自分が何であるかを探します。
③ わかった後は，マッチする相手のところに行き"I am a lion. I like meat."といって連れて来ます。逆の場合は"This is a meat. You like meat."といって連れて来ます。早い子で

第4章　家庭での子どもとの関わり方　193

すと，自分がわかった時点で，まだわからない子のところへ行って連れてきてしまう場合もありますね。
④　一番早くペアになった二人が優勝です。
⑤　グループ対抗にして，一番早く集まった組み合わせのチームが優勝でも構わないでしょう。(制限時間15分)
⑥　最後に"How many monkeys are there?" "How many bananas are there?"と数を数える練習も加えてみるといいでしょう。

(2) Memory Game（記憶力ゲーム）

これは机の上にたくさんの物を並べ20秒ほど見る時間を与え，何がどこにあったかグループで思い起こすゲームです。一番正確に記憶したチームが勝ちです。使う表現は，"I saw a pencil (in the box)."などです。

—— 必要なもの ——
・身近なもの ——文房具類，いろいろなピクチャーカード，大小の空き箱など
・かぶせるための大きめの布（風呂敷）

—— 展　開 ——
①　クラスを4〜5人のグループに分けます。
②　生徒机を4つ並べ，用意したものを並べます。並べ方はランダムです。箱の中に入れたり，上に置いたり，"on, in, under"などが使えるような状況を作ってもいいでしょう。
③　グループごとに20秒ずつ何があるか観察します。
④　グループの席に戻り"I saw a pencil (in the box)."など記憶した物をできるだけ一人一つは言えるように発言します。一

人が集めた情報を絵に描きとめます。数や色も記憶しておきます。
⑤　グループディスカッションが終わったら，代表者は前に出て，"We saw a notebook."などと発表します。色や数の指摘が抜けていたら"What was the color?"や"How many?"など質問します。
⑥　一番正確に答えられたチームが勝ちです。
⑦　発展型として，一回記憶した後，物を別の場所に移動させたり抜いたりしてどこがどう変わったかを絵に描き，その記憶力を競い合うこともできます。

3．5〜6年生（高学年）用

「文字の導入は小学生では必要ない」という声も聞きますが，私が自分のレッスンを通して見てきた限り，中学年〜高学年になると子どもたちは文字への抵抗もなく，読んだり書いたりすることに違和感を感じていないようなので，ここではあえてアルファベットを使ったゲームを紹介してみようと思います（1〜4年生で活用してもよいゲームです）。

⑴ Find the Alphabet（アルファベットを探そう！）

アルファベットとその文字で始まる単語（絵もあった方がいいでしょう）をセットで覚えます。"'A' for Apple"という覚え方から徐々に"'A' sounds 'A' sounds [a, a, a]：ax, apple, ant."とチャンツ風に覚えるとなおいいでしょう。文字の定着は，耳だけでなくその形を視覚的に覚えることも大切なので，この時，必ず文字は見せてあげて下さい。何回か一通りこなせるようになったらゲームに移ります。

―― 必要なもの ――
- 裏に単語と絵が書いてあるアルファベットカード（4セット）
- 空き箱3つ

―― 展　開 ――
① クラスを3つに分けます。教室の前に机を並べ，それぞれのチーム用にアルファベットを並べます。
② 各チームは教室の後方に縦に2列に並びます。
③ 先生はカードの裏の絵を見せながら（下の文字は隠しながら）"What's this?" と子どもたちに聞きます。子どもたち全員が "It's a cat." と大きな声で答えた後 "Ready go!" と合図を送ります。
④ 各チームは2人ずつ前方のカードの中から正しい頭文字のアルファベットを探し出し，自分たちのチームの側に置いてある箱に入れていきます。
⑤ 見つけたら次の2人へバトンタッチです。早く見つけたチームから次の問題が出されます。
⑥ 一つのチーム全員が終わった時点で終了です。
⑦ かごの中のカードが正解か，全員で "'C' for cat." と言いながら確認していきます。
⑧ 早く終わったチームでも間違いがあれば減点されます。
⑨ 一番正解のカードが多かったチームが勝ちです。

(2) Parachute Man（パラシュートマン）

欧米でよく遊ばれる "Hang Man（首吊り男）" ゲームの変形版です。単語のつづりを覚えているかどうかを競うゲームです。

――必要なもの――
・黒板（白板）
・3色のチョーク（マジック）

――展　開――
① クラスを3つのチームに分けます。
② 黒板（白板）に炎が燃え盛る飛行機の絵を描き，その下方に地面を表す線を引きます。
③ 横に"＿ ＿ ＿"といった形で，単語の文字を表す線を書

第4章　家庭での子どもとの関わり方　197

きます。

④ ジャンケンで決めた順番で，チームごとに"Do you have a 'D'?"とアルファベットを先生に聞いていきます。

⑤ ある場合は"Yes, I do."と答え，文字を線の上に正しい位置に書きます。ない場合は，"No, I don't."と言ってパラシュートマンが落ちていく軌跡を棒線で一本引きます。5本（数は自由です）引かれると地面に墜落したことにします。

⑥ これを繰り返しチームごとにチョーク（マジック）の色を変えながら描いていきます。

⑦ 5本棒線が引かれ墜落したチームは，その単語に関しては答える権利を失います。

⑧ 単語がわかったチームがいたら全員で手を上げてもらい，先生の"What is it?"の問いに"It's a...."という答えと残りの文字を言ってもらい，そこでパラシュートマンが無事脱出できた絵を，棒線の下に描きます。

⑨ 次の問題は単語を4文字にするなど難しくし，同じことを繰り返します。

⑩ 棒線が途中まで描かれていたチームも始めからやり直しです。

⑪ パラシュートマンが3人（数は自由です）先に脱出できたチームが優勝です。

第5章
楽しい英語の世界

英語教室では，通常のレッスンのほかに，子どもたちが英語を使って様々な体験ができるように，季節ごとのイベントや発表会を行っています。イベントは欧米諸国の行事で代表的なイースター，ハロウィン，そしてクリスマスです。もともとは宗教的な行事ですが，欧米諸国の文化の一部分を理解することを目的としていますので，それほど宗教色の濃くない歌やゲームをメインとしたパーティ仕立てにしています。教室の先生方とそれぞれが受け持っている生徒がほとんど「全員集合！」しますので，一つのパーティで70名から80名の子どもたちが参加します。それでは，そのイベントの様子を少しご紹介しましょう。

❀ 春だ！　花見だ！　イースターだ！

　イースターといえば，「たまご」や「うさぎ」を連想する方がいらっしゃると思いますが，ハロウィンやクリスマスほど日本での認知度は高くなく，いったいどんな行事なのかわからない方が断然多いですよね。イースターとは，十字架にはりつけにされて死んだとされるイエス・キリストが3日後に復活したことを祝う日なのです。厳密な日付は定められておらず，3月21日（春分の日）以後最初の満月の直後の日曜日とされています。クリスチャンの人たちは，この日の朝は新しい洋服を着て教会にでかけます。なぜ，そこに「たまご」や「うさぎ」が登場するのかというと，どうやらドイツの古い昔話からきているようです。ある時，子どもが大好きなおばあさんが，イースターの日にカラフルな色が塗られた卵をたくさん庭に隠し，子どもたちに見つけてもらおうとしました。たまたま庭を跳ねていたウサギを見た子どもたちは，「うさぎがたまごを置いている！」と思ったところからきている，という説もありますし，繁殖力の強いウサギは古来から「新しい命の象徴」と信じられ

ていたこともあって，イースター→春→新しい命→うさぎ&たまご！という図式になったのではないかとも言われています。

　いずれにしても，ちょうど日本ではお花見のシーズンと重なることもあって，今まで教室内でやっていたパーティをイースターに限って昨年から近くの大きな公園（練馬区の光が丘公園）で行うことにしました。これが思いのほか好評で，普段我が子の「バイリンガルぶり」（まだ早いかな）をゆっくり見たことのないお父さま方も来られて，パーティ&お花見ぷらすピクニック気分を存分に味わって頂く事ができました。ゲームは，もちろんお決まりのEgg Hunt（卵探し）を始めとして父母参加の電車レース，ハムスターレース（これは大きめのダンボールの中に入り，ハムスターのようにぐるぐると押していき，早くゴールに着いたチームが勝ちというゲーム），Catch the teacher!ゲーム（簡単な問題を英語で出し，正しい絵あるいは単語のカードを持っている先生を捕まえに行くゲーム）など屋外ならではのゲームをたくさん楽しみました。

　他の2つのパーティはだいたいコース別に分けてその日のうちに3回開催するのですが，イースターは2歳児から小学校3，4年生ぐらいまですべて一緒に行いますので，問題の出し方やゲームの内容も，工夫しなくてはなりません。2，3歳児に"Please find the word Easter."な〜んて出しても「はてな」でしょうし，3，4年生に"What color is this?"なんてきいたら「先生，僕たちバカにしてない？」と怒られてしまいそうなぐらい簡単なので，チーム分けや順番は神経を使いますね。Egg Huntは本来なら本物の卵の中身を上手に出して，子どもたちに色を塗ってもらうのがいいのでしょうが，公園という場所柄，絵の具セットを持ってきて机の上で，というのも大変なので（ちょっと手抜き？）子どもたちに事前にとっておいてもらったガチャ玉（お金を入れてガチャガチャと回すと中から透明の玉が出てきて，その中にシールやおもちゃやお菓

子が入っているもの）の中にキャンディを入れておいて，それらをたくさん隠して子どもたちに探してもらうようにしています。しかし隠している間に，この英語教室の会員でない子どもたちが見つけて持っていってしまう場合も考えられるので，なるべくたくさん隠しておくようにしています。年齢が上の子どもたちは，われ先に3つも4つも見つけて得意満面ですが，下の子どもたちはお母さんに手を引かれながら，必死で探します。見つけた瞬間は「あった！あった！」とそれは嬉しそうに喜びます。こういうイベントには必ず外国人の特別講師の方にも参加して頂いていますので，普段実際に外国人と話す機会がない子どもたちもこぞって知っている英語を使って話しかけています。その姿は実に微笑ましいですね。またご両親が「ほーうちの子が英語をしゃべっている！」と目を細めて自慢げに見つめている姿を見ると「ほらね，あなたの息子さんは，英語を使える楽しさをあの年でもうわかっているのよおお，すごいでしょ」（ちょっと自慢っぽい？）と心の中でウルウルとしている自分がいたりして，先生冥利に尽きます。

　でも，苦労話をひとつ。朝7時からの場所取りが結構大変なんですよねえ，これが。まるで会社の新入社員のように紐と棒で広範囲な場所を手際よく囲っていかなくてはならなくて「御子柴先生，なんか慣れてる！」とほめられながらもパーティの前に一汗もふた汗もかいてしまうんですよね。おまけに隣のおじ様方には「ちょっと姉ちゃんたち（なにい！　姉ちゃんだとお！　まあ，おばちゃんよりいいかっ）場所多く取りすぎなんじゃない」とにらまれたり，お向かいではカラオケセットよろしく大きなスピーカーで「ド演歌」を流し始めるはで，えらくピリピリした感じでした。いざ始まってしまえばかわいい子どもたちのため，"OK．Let's have fun together!"と「演歌」に負けないぐらいの「のど自慢な大声」&「どうだわからないだろう英語の歌だぞ」（ちょっとイヤミ⁉︎）で

どうにかパーティは大盛況！　また，普段狭い教室の中で行うのとは違い，子どもたちも元気いっぱい走り回ったり転げ回ったりするものですから，自分も若いつもりで一緒になって遊んでいると必ず後で「筋肉痛」というおまけがついてくる（しかも二日後に）んですよね。それに子どもって通常のレッスンでも見受けられますが，おもしろいと何回でも飽きずに遊びますからね，「えーまたあ！」とつい言いたくなるほど子どもたちの好奇心と遊び心は尽きないようです。ふー，やれやれ！

　このイベントにお母さんと初めて参加した幼稚園の綾子ちゃんは，前述したハムスターレースをたいそう気に入り，かわいらしいリボンをつけた長い髪がくちゃくちゃになるのもお構いなしに，何回も，いや何十回も丘の上からコロコロ，コロコロころがっては喜んでいました。「綾子ちゃん，目，回らない？」「全然平気。楽しい！」。お母さんにも感想を聞きましたら，「ハロウィンは日本でも有名なので知っていたが，イースターはここの教室で初めて知ったのですごく楽しかった」とのこと。また「同じ年代の外国人の子どもたちとも一緒に遊ぶことができたらもっといい。」とおっしゃっていました。確かに，そういう機会がたくさんあれば，「小さな国際交流」を通して「英語で友情を深める」ことも夢じゃないかもしれませんね！

❄ 私は「だあれ？」

　さて，続いてハロウィンの紹介です。ハロウィンは日本でもかなり知られている行事で原宿あたりの大きなオモチャ屋さんでは毎年仮装大会があったり，おしゃれな輸入雑貨店では，ハロウィンのお菓子（jelly beans, candy corn など）が売られていたりするようですね。ハロウィンといえば思い浮かぶのは，やはり「かぼちゃ」

や「魔女」ですよね。さて毎年10月31日に行われるこの行事の由来ですが、意外に思われるかもしれませんが、これももともと宗教的な行事の一つで、紀元前アイルランドなどに住んでいたケルト民族が当時11月1日を新年として、その前夜10月31日に死者の魂が戻ると信じてお祭りを行っていました。キリスト教の普及とともに、この行事は聖人の祝日である万聖節の前夜 ALL HALLOWS EVE とされ、これが縮まって HALLOWEEN になったとされています。また、かぼちゃの中身をくり抜いて中にロウソクを立て窓辺に飾られる Jack-O'-Lantern にも由来があり、これは、天国へも地獄へも行けないジャックという男性の霊が、カブラの中に石炭を入れて提灯代わりにし、この明かりを手にこの世に安住の地を求めてさまよい歩いたところからきているということで、カブラが後にかぼちゃになったと言われています。私もアメリカに住んでいた頃、日本の浴衣を着て "Trick or treat!" と言いながら近所を回ったものですが、このような由来があるとは露ほども知りませんでした！ この "Trick or treat!" というお決まりのフレーズも私は悪友たちに "Trick or treat, smell my feet, give me something good to eat!" と教えられ、その通り言っていたのですが、後でよく考えて見ると内容は、「お菓子かいたずらどっちにする？ 足のにおいを嗅いだなら、何かおいしい食べ物ちょうだい！」という変なもので誰が一体考えたのやら……。でもきちんと treat, feet, eat でライム（韻を踏む）している所が心憎いぐらい上手にできているんですよね。

しかし、楽しいことばかりではなく、配られるお菓子やリンゴの中に針を忍ばせたり、子どもたちにいたずらをしたりする犯罪者が年々増加しており、近所とはいえ子どもたちも気軽に "Trick or treat"ing に行けない状況があるのは、とても悲しいことです。また何年か前の「服部くん事件」もそうですが（彼も私と同じ AFS の

留学生だときいて大変ショックを受けました)、ちょっとした英語が解らなかったり勘違いしたりして、あのような痛ましい事件が起こってしまったことは実に残念なことですね。

　さて、仮装と言えば、パーティでは子どもたちだけでなく私たち講師陣も何か仮装をしなくてはならず、毎年これで頭を悩ませて（ワクワクして？）います。「今年は何になろうかなあ」と2ヶ月ぐらい前からアイディアを練り、その年に流行ったキャラクターや動物などを思い出して手作りで制作するのですが、ある時ふとオモチャ屋さんで目に留めたキャラクターが、なんだかとても自分によく似ている気がして「これだっ！」とひらめいたのが「機関車トーマス」のかぶり物でした。この顔（トーマスの、ですよ！）を生かすにはお面ではつまらないので、いっそのこと立体型3Dのかぶり物にしようと、さっそく家にある空き箱やペットボトルや段ボールをかき集めて作ったのがこれです！（下の写真）どう、不気味で

仮装してみんなでニッコリ！（著者：後列左端）

しょ？　顔には銀色の顔料も塗っているんですよ。子どもたちの反応は，いきなり「ぎゃあー」と泣き出す子，不審そうにじっと見る子，逃げ出す子など様々でしたが，「こわくないよ〜，理佐先生だよ〜」と言ってようやくわかってもらえましたが，それでもなかなか「あんた，何？」的視線を崩してはくれませんでしたね。

　それで私は，よせばいいのに，翌年も図にのってこんなもの（下のかかしの写真）を作ってしまいました！「おまえ誰やあ!!」（なぜか関西弁。）一応「オズの魔法使い」に出てくる Scarecrow を十分意識して作ったつもりだったのですが，どう見ても「や〜まだのな〜かの一本足のかかし」ですよね。もう男か女かさえもわからないのに，この格好でお店の中（サティ新座店）を練り歩いたんですから，度胸あるでしょ。でも，泣き叫ぶ我が子をなだめるお母さんに「大丈夫よ，ただのおばさんなんだから！」（なぬっ！　ギロッ!）「あ，お姉さんか……」と言われた時には，「そりゃない

豪華！　講師陣の仮装（著者：右端）

ぜ！」と思いましたけどね。どうやら私には，変身願望（!!）があるらしく，やるならトコトン！みたいなところがあって徹底的に自分を変えてしまうのが好きなようです。でもそろそろ普通路線に戻って今年はかわいいお姫さまでもやろうかしらなんて考えているのですが，「せんせいっ，来年も期待してますよ！」とお母さん方に言われてしまったからには，紅白歌合戦の小林幸子ではないですが「今年は電飾でもつけようかしら」とついつい派手＆奇抜路線に走ってしまいそうな自分がコワイ。（ちなみに 2000 年秋のハロウィンではかわいい（？）白雪姫になりました！）

　自分のことはさておき，子どもたちの仮装もそれはそれはかわいいものですよ。スターウォーズの『エピソード１』が流行った年には，映画に出てきた女王アミダラの衣装を全て手作りで作られたお母さんがいて，もうこれには脱帽しましたね。顔も白塗りにして，見事としかいいようがありませんでした。生徒でない妹の方もアナキン・スカイウォーカーの格好をしてきましたから，力作にみんなため息ものでした。あとは，かわいい魔女やかぼちゃの衣装を作ってこられたお母さんがいて，子どもたちも大満足の様子でした。ドレミちゃんが流行った時は，ドレミちゃんの格好をした子どもたちが何人もいて，みんなとってもキュートでしたね。お母さんやお父さんはそんなかわいい我が子の姿を記録しておこうと，汗をふきふき一生懸命ビデオを撮られてました。ホント，休日ご苦労様でございます。

　ハロウィンのゲームといえば，Bobbing for Apples（水に浮かべたリンゴに早く食いついた人が勝ち）や Pumpkin Carving（かぼちゃの提灯作り）などがありますが，年齢の小さい子どもが多いことと，スペースの余裕がないということで，残念ながらこれらのゲームは行いません。その代わり，コース別に３回に分けて行いますので，それぞれの年齢に合ったオリジナルのゲームや歌をたくさ

ん紹介します。

　例えば，一番下の2〜3歳児のパーティでは，Crafts Making（工作）の時間をとって簡単なカードやお菓子を入れるバスケット，あるいは，手足が動くようにした紙のかぼちゃのお人形など，お母さんに手伝ってもらってすぐに作れる紙を一人一人に用意し，その場で作ってもらいます。土台となる絵や形はだいたいアメリカ製の子ども用工作ブックからコピーをとって使用しています。あちらのものは，描かれているキャラクターがかなり派手でデザインもおもしろいので，喜ばれるお土産になりますね。あとはハロウィンにちなんだ絵本を読んだり，ハロウィンの絵（かぼちゃ，黒猫，魔女，おばけ，がいこつなどなど……）が書かれているカードを一人一人に渡し，外国人の先生のところへ行って"May I?"と聞きながら同じカードをもらってくるなどのゲームをします。

　4〜6歳児になるともう少し「話す」機会を持ってもらうため，ゲームをQ&Aの形で進める場合が多くなります。例えば，Folder Gameは，子どもたちを3チームに分け（これは事前に実力に偏りがないようある程度答えられそうな子どもを均等に3チームに振り分けておきます），それぞれのチームが切れ目のついた大きな用紙の上に乗って講師の質問（数，色，動物，家族など）に答えるのですが，一番答えるのが遅いか答えられなかったチームの陣地が切れ目に沿って破かれていきます。陣地が最も多く残っているチームが勝ちなのですが，子どもたちはそれはそれは大きな声で答えをシャウトしますので，どのチームが先に答えたか判断が難しいこともありますねえ。この他には，単純に楽しめるFishing Game，これは，紐がついた磁石を棒にぶら下げ，クリップのついた絵や物を釣ってゴールするチーム対抗のゲームなのですが，これもかなり盛り上がります。子どもたちは大物を釣り上げようと必死の形相でゲームに参加します。中にはなかなか磁石とクリップが

くっつかなくて，手でつかんで持っていくツワモノもいますけどね……。

　小学生以上のコースには，内容をグレードアップさせてハロウィンにちなんだ Yes—No クイズを問題で出したりします。例えば，"Halloween is on Oct. 31st." "You say 'tickle tickle' on Halloween." ですとか，同じ色関連の問題でも "Halloween colors are orange and green." など，ある程度ハロウィンの知識がないとわからないような問題を出します。子どもたちは答えがわかっていそうな子（主に上級生）の様子を伺いながら Yes—No の両側に分かれていきます。そして答えが発表されると，オーバーなほどのリアクションで飛び跳ねながら喜んだり頭を抱えてくやしがったりするので，とてもおもしろいんですよ。

　この他には Command Game といって3チームに分かれ，それぞれ「指令」が書かれた紙に従って指定された売り場（サティの中）に行き，紙に書かれてあるアルファベットの付くものを一つずつ探してその名前を英語で書いてくる，というゲームもあります。各々のチームには講師がリーダーとして付き添い，売り場のヒントや指定されたアルファベットのつきそうな物をいろいろと子どもたちに聞きながら（もちろん英語で）答えを探していきます。一番先に教室へ戻ってきたチームが優勝です。このゲームの場合，品物を英語で言えるかどうかということと，たとえつづりがわからなくても音で頭文字がわかるかどうかが問われますので，結構難しかったようです。なるべく子どもたちから多くの答えを引き出そうとしてついつい熱くなり，思わず一般客のいる売り場でミニレッスン状態になってしまった記憶がありますね。はっと気がついて急いで子どもたちと教室に戻ると，トホホ，ビリだったことも……。かかしの格好をした性別判定不能な人物が，小さな魔女やかぼちゃをたくさん引き連れてなにやら怪しげなことをしている姿は，さぞかし一般

客のみなさんには奇異に見えたことでしょう。でも、実はこれが「教室をアピールすることができる！」と当初から「注目されること」を見込んでやったことだったんですよ。「あの英語教室はおもしろそうなことをするのねえ」と関心をもってくれるお母さんが大勢いて下さることを信じて、恥をしのんで（いえいえ大いに楽しんで）店内練り歩き作戦を実行したのです。またゲームの後の"Trick or treat!"ing もクラス全員でぞろぞろと外国人の先生のいる場所まで行き、お菓子をもらったことは言うまでもありません。おかげで翌年の春の入会者は倍増しましたよ！

❄ ジングル・ベルで賑やかに

そして12月になるとクリスマスですよね。クリスマスは言うまでもなく、12月25日にイエス・キリストの誕生を祝うお祭りです。イエス・キリスト（英語ではイエスではなくジーザス・クライストと発音されます）はベツラヘムに住むジョセフとマリアの間に神の啓示によって生まれた子どもで、彼が生まれたのを世界中の人々に知らせるためにひときわ明るい星が夜空に輝き、それを目印に3人の賢者やたくさんの人々がお祝いを持って彼の元に集まったそうです。現在では、数多くある行事の中で、世界中のあらゆる国の人々に最も楽しまれる行事の一つとなっています。欧米諸国では、もみの木を切ってきてカラフルな玉や小さな飾りをたくさん飾り、各家庭のリビングルームに置きます。家中電飾で飾り付けをする凝った家もあり、毎年競い合ってクリスマスを華やかに彩ってくれます。私もホストマザーから代々Juengling（ユングリング）家に伝わるというドイツ製のかわいらしい天使の飾り物を頂き、毎年我が家の小さなクリスマスツリーに飾っています。

日本のクリスマスは、もちろんキリスト教の信者の方たちは厳粛

な面持ちでミサに出かけたりしますが，ほとんどの一般家庭ではイエス・キリストの誕生とは関係がないというように，サンタ・クロースとデコレーションケーキがメインとなっていますよね。実はサンタ・クロースも直接はクリスマスとは関係のない人物で，もともとは貧しい人々にお金など与えていたトルコの慈悲深いニコラウスという司教がモデルとされており，セント（聖人）・ニコラウスがサンタ・クロースになったとされています。それが後にサンタ・クロースがいい子にしていた子どもたちにプレゼントを持ってきてくれるという話に発展したのでしょう。ケーキについては，欧米諸国では日本のようなクリームたっぷり，イチゴがどっさりのデコレーションケーキを食べる習慣はなく，これは日本のお菓子業界の宣伝効果によって日本中に広まった結果だと言えるでしょうね（バレンタインのチョコと同じですね）。そして肝心のプレゼントは，日本では枕もとに置きますが，あちらではクリスマスツリーの下に置き，クリスマス・イブかクリスマスの朝に開封します。サンタ・クロースからのプレゼントはもちろん子どもたちだけにですが，親から子どもへ，子どもから親へ，また親同士でとプレゼントの交換も行いますので，ツリーの下はかなりのプレゼントの数でにぎわいます。

　クリスマス・パーティでのゲームですが，小さい子のクラスではハロウィンと同じように工作の時間を設けて緑色の画用紙で形を切ったクリスマス・ツリーやリース，靴下に色とりどりのシールを貼って名前を書いたり，イースターで使ったガチャ球に紐を通し，中にカラフルなビーズやシールを貼ってツリーの飾りを作ったりしました。また，緑と赤の毛糸球でそれぞれボンボンを作り，サンタ・クロース（外国人講師）が持っているカゴの中へ玉を投げ入れ，緑チーム，赤チームのどちらが多く玉を入れられたかみんなで数えて競い合うゲームも大いに盛り上がります。このボンボン作り

「えいごではなそ」の
Christmas Party

Halloween が終わったと思ったらもう Christmas!
今度は "Trick or treat" のかわりに "Merry Chirstmas!"
と言って楽しいパーティに参加しましょう。今年は
どんなプレゼントがもらえるかな。

(1) 日時 ： 12月23日（木 祝日）
　　　　　　 13:30～14:30

(2) 場所 ： サクライ楽器　成増本店
　　　　　　 板橋区成増 1-28-21　Tel 03-3939-6201

(3) 費用 ： 600円

(4) 持ち物 ： ①プレゼント交換用プレゼント（500円相当）
　　　　　　 ②のり

12月3日（金）までに担当講師へ参加費用と一緒にお申し込み下さい。

参加　します　しません

クラス　えいごではなそ
お名前

参加するお友達・兄弟のお名前

領収書

パーティ案内も雰囲気を大事に！

も大変で,「じゃあ先生一人当たり15個ね」と内職のような手作業ですし,前述したシールも,天使やツリーやベルの形のスタンプカッターで何十個と切っていくので,しまいには目がチカチカしてきて見るもの全てに天使がチラチラ見えるような有様。「お一私にはエンジェルが見える！ クリスマスの奇跡だあ」(そんなバナナ)。まあ,苦労のかげには子どもたちの笑顔ありってことで(ん？ ちょっと変な日本語？)子どもたちの喜ぶ顔が見られると苦労もなんのそのって感じですよね。

絵本の読み聞かせも,この時ばかりははりきって幼稚園などでよく使われる「パネルシアター」というものを使用してみました。これは紙芝居に似ているのですが,あらかじめ登場人物や背景を形に切り,裏を返すと泣いた顔になったり背景が変わったりするというもので,小さな磁石を貼り付けておいて白板にくっつけて劇を進行します。日本語の物語を全て英訳し,歌も英語で歌われます。クリスマスの歌ってたーくさんあって結構覚えるのが大変なんですよね(大変なことばかり)。"Jingle Bells"や"Silent Night"は定番ですが,"Here Comes Santa Claus"や"Santa Claus Is Coming to Town"は知っていそうで実は歌詞を覚えていなかったり,"Jingle Rock"は大人のクリスマスソングでリズムとりが難しかったりするので,まず,私たちは歌を覚えるところから入りました。そして物語の最後は"White Christmas"を聴かせておしまい。ついつい情感こめて歌っていましたら,気がつくと子どもたちは口をポカ～ンと空けて唖然としていました(い,いかん,自分の世界に入ってしまった！)。それでもみんな真剣な眼差しでおとなしく見ていてくれました。

大きい子どもたち用のゲームでは,クリスマスビンゴゲームを行います。あらかじめクリスマス関連の絵を25マスの紙にプリントし,それを個人もしくはチームに配り,絵の名前を読み上げて早く

ビンゴしたら勝ちというものです。チーム対抗ですと，上級生か，単語が得意な子が自然とリーダーとなって進めていくようです。

そしてパーティの終わりは，お楽しみのプレゼント交換です。あらかじめ子どもたちには500円程度のプレゼントを用意してもらい，それを預かった時に番号を書いたシールを貼っておき，後でその番号を引いた子がそのプレゼントをもらえるという方法をとっています。今100円ショップが大流行ですので，500円でもかなり豪華そうなものがいくつも買うことができ，きれいにラッピングをしてもらえば立派なプレゼントになりますからね。自分ではなかなか買わないちょっとした文具やおもちゃをもらって，大助かりというところでしょうか。子どもたちはみんな嬉しそうに，もらったプレゼントをお母さんに見せます。そして，最後に音楽教室用のベルを拝借して全員に配り，賑やかに鈴を鳴らしながら"Jingle Bells"を歌ってお開きとなります。

コース毎とはいえ，お母さん方，お父さん方も含めると1回のパーティで70名ほどの大人数が一つの教室に入りますので，熱気ムンムン，子どもたちもハイテンションで泣いたり笑ったりの大騒ぎ，それはそれは賑やかなパーティとなり講師一同うれしい悲鳴を上げています。しかし，これだけ大人数になりますと教室のキャパシティにも限度がありますので，どこかのホールを貸し切って行おうかという案も出ています。それで，講師陣によるディナーショーでもやろう！な〜んてことになったら俄然はりきっちゃうんだけどなあ。（すっかりその気。私は歌手かっちゅうの！）と，とにかく普段とは全く違った雰囲気の中で，子どもたちも父兄のみなさんも，そして私たち講師陣も楽しい一時を過ごすことができます。

イベントには必ず参加してくれる沙希ちゃん（幼稚園）は，外国人講師の質問などにも臆することなく答え，積極的にゲームに参加します。幼稚園児ながら体格もよく，自分より年上の子どもたちを

はね除け（！）ながら歌ったり踊ったりします。お母さん曰く「ここの教室で行っているイベントは、毎年楽しみにしていて、本人も春には Easter、秋には Halloween とちゃんと違いをわかって参加している。」とのこと。私たち講師陣も、子どもたちが毎年待ちわびるような魅力的なイベント作りに、気が抜けませんね！

　英語教室では、この他に、たくさんの子どもたちが異文化と生きた英語を実体験できるように、オーストラリアホームステイ体験旅行やアメリカサマーキャンプ体験旅行を毎年行っています。

❁ Kids & English

　毎年全国規模で Kids & English というイベントが行われます。これは、日頃のレッスン風景を撮影するもよし、劇やミュージカルや歌の披露でもよし、要するに今までの成果をみんなに見てもらおうというイベントで幾つかのコースごとに３つの部門に分かれて参加するものです。参加方法は、まず地区大会にビデオで出品し、全国それぞれの地区最優秀賞に選ばれたチームが全国大会に出場する権利を与えられ、全国大会で優勝すると特典としてオーストラリアの研修旅行に行くことができるという豪華なものです。参加する子どもたちは実に生き生きと楽しそうに英語と接しているのがわかります。私自身も、もともと「演じる」ことが好きでしたので、子どもたちにもその楽しみを一緒に分かち合ってもらおうと思い、毎年２チーム参加しています。ちょうど、英語の歌がなじんできた４〜６歳のコースと、英語を話すことに抵抗を感じず自分の言葉として自然に使えるようになり始めた小学生以上のコースから１作品ずつ出品しています。

ワンポイントクッキング，幼稚園児編

 4〜6歳児のコースでは，なるべくレッスンで習った歌の中から内容を膨らませることができる歌を一曲選び，振り付けを新たに考えます。今年選んだ歌は，"Birthday Cake"という歌でした。全部歌いますと6番まである長いものなので5分という制限時間内に収めるために所々アカペラで「セリフ」として覚えてもらうことにしました。この歌は，いわゆる「バースデーケーキの作り方」を歌った歌で，卵や粉や砂糖を入れ，オーブンで焼き上げ，最後にろうそくをともして吹き消す，という順番を表しています。レッスンでは，かわいい振り付けで踊りながら"beat it, add it, mix it, bake it, spread it"などitのassimilation（同化，つまりitが前の言葉とつながって同化したような形になること）の特徴を歌いながら感じてもらうようにしています。しかし，せっかく「作り方」を歌った曲なので，実際に子どもたちに作りながら歌ってもらうのもおもしろいのでは？とパッとひらめいたのが，テレビで流行っているお料理番組をまねして「キッチンスタジオでの生番組」を収録するという形でした。「生番組」ですから当然ハプニングも起こりうるわけで，それでもそのままビデオを撮り続けたらそれこそ子どもたちの「生」の様子が撮れるとにらみました。

 さあ，それからは大変でした。まずどの子にどの部分を歌って（言って）もらうか考えなくてはなりません。生徒は6人いましたが，ちょうどビデオ撮りの頃お誕生日を迎える子（正基くん）がいましたので，当日まで子どもたちには「さあみんなでバースデーケーキをつくろうね。誰のために作るかはお楽しみ！」と内緒にしておき，その子を除いた全員にセリフ・歌を分担させることにしました。リーダーは，レッスン考察の中で紹介したあの広美ちゃんです。まず彼女に，一番始めの手順である"Take the egg and beat it. Beat it.（卵を割って攪拌する）"を歌ってもらいます。それから

彼女にはその度に「〜番目」という号令をかけてもらってから順番に綾子ちゃん，春子ちゃん，大輔くんとそれぞれのセリフを歌ってもらいました。6人中最年少の沙希ちゃんは，広美ちゃんの妹分のような子で，体格も（ポッチャリ系）なぜかよく似ており歌が上手な元気のいい子どもです。彼女にはちょっと大変でしたが，その歌のうまさと声の大きさを買って"Milk and butter. Nothing's better."の部分を4回歌ってもらいました。役が決まると後はひたすら練習，練習。この歌の難しいところは，一人一人のセリフの重大さもさることながら，実際に材料をボウルに入れて泡立て器で混ぜたりしなくてはならないので，そちらに気をとられているとつい歌うのを忘れたりしてしまうことです。練習の時，道具は実物を使っていましたが，材料は当日までおあずけでした。しかし，一応広美ちゃんには事前に「お家で卵を割る練習をしておいてね」とそっと耳打ちしておきましたが……。

さあ，ビデオ撮りの本番当日です。お気に入りのエプロンをつけてもらって元気よく登場です！　うーんまずまずのスタート。私は一応ディレクターという役柄で，何かハプニングが起きた時に対処できるように，子どもたちの前で待機していました。

全員：Birthday cake, birthday cake. Let's make a birthday cake big and sweet!〈おっ，かわいい，かわいい。さあ，広美ちゃんよ！〉

広美ちゃん：Take the egg and beat it. Beat it.×2 〈完璧！　卵割りも成功したね〉

沙希ちゃん：Milk and butter. Nothing's better.〈おー，声も出てるし，言うことないね〉

全員：Let's make a birthday cake big and sweet!〈順調，順調。次は綾子ちゃん〉

綾子ちゃん：Take the flour and add it. Add it.×2〈上手，上手。あの引っ込み思案の綾子ちゃんがよくここまで，うるうる〉〈その間沙希ちゃんはケーキの型を頭にかぶりながらご満悦〉〈ちょ，ちょっと沙希ちゃん出番，出番〉

沙希ちゃん：Milk and butter. Nothing's better.〈Good, good!〉

全員：Let's make a birthday cake big and sweet!〈はい，ボウルを渡して次は春子ちゃん〉

春子ちゃん：〈ちょっとモジモジしながら歌うがお砂糖をなかなか入れない〉
Take the sugar and mix it. Mix it.

広美ちゃん：お砂糖いれるの！ 早く早く！〈あちゃー！ 日本語出ちゃったよ〜〉

〈春子ちゃんの代わりに入れようとする〉

春子ちゃん：〈ハッとして自分で入れながら歌う〉Take the sugar and mix it. Mix it.
〈ふーやれやれ〉

沙希ちゃん：Milk and butter. Nothing's better.〈さ，沙希ちゃんこのあと牛乳入れてね〉〈本人すっかり忘れている〉

広美ちゃん：〈すかさず〉沙希ちゃん，牛乳牛乳！〈あちゃー，また日本語出ちゃった……〉

大輔くん：牛乳いれるの！〈あー，大輔くんまで……〉

沙希ちゃん：〈動揺しながらも上手に牛乳を入れて満足そうにかき混ぜる〉

全員：Let's make a birthday cake big and sweet!〈さー，最後は大輔君よ〉

大輔くん：Take the dough and bake it. Bake it.〈「これオーブンに入れるの？」と聞きたそうな顔をして——これも実物を使

用〉〈私，すかさずうなずく〉Take the dough and bake it. Bake it.

沙希ちゃん：Milk and butter. Nothing's better.〈4回目お見事！〉

全員：Let's make a birthday cake big and sweet!〈最後は決まったぜ！〉

大輔くん：〈大きな声で〉ねえ，ケーキ本当に焼かないの。ねえ。〈だ，大輔くん，焼かないのよお。ちょーっと静かにしてもらえるかなあ〜。バッチシビデオに入っちゃってるよお〉

〈ここで間奏の間，私が焼いてきたスポンジにクリームとフルーツの飾り付けをしてもらう〉

広美ちゃん，綾子ちゃん，春子ちゃん：〈一心不乱に生クリームを塗りたくる。フルーツも忘れないでね，とそっと指示〉

〈いったんビデオを止め，ろうそくを飾り火をつける〉

全員：Happy birthday to you. Happy birthday to you. Happy birthday dear Masaki. Happy birthday to you!〈うーん決まった！〉

正基くん：Thank you!〈出番が少なくてごめんね，でもおめでとう！〉

いろいろなハプニングもありましたが，半日がかりでなんとか無事撮り終え，子どもたちの飾らないかわいらしさがそのまま現れた作品となりました。(最後はクリームでぐちゃぐちゃになったケーキを，それはそれはおいしそうに食べて帰ってくれました……。)

涙あふれる感動作（？）"Friends Forever"

さて，小学生以上のコースはいくつか受け持っていますので，どのクラスにしようか迷います。なるべくまとまりがあって元気のい

いクラスにした方がいいと思い，当時小学2年生だった香奈ちゃん・彰彦くんの元気モリモリスーパーコンビで劇を作ってみることにしました。話の内容は，当時流行っていた「ファービー」からヒントを得て，宇宙からやってきた「チャッキー」に二人でいろいろな英語を教え，友情を育てていくというお話を創作しました。まずこの「チャッキー」は，ぬいぐるみではなくリアリティを出すために口が動かせるパペットである必要がありました。「どんなパペットがいいかなあ。動物？ 宇宙人？ 怪獣？ うーん困ったなあ。えーい，インターネットで調べちゃえ！」ということで，日本だけでなくアメリカのホームページにもアクセスし，"puppet"で検索しまくる毎日が続きました。いろんなのがありましたよ。かわいい犬や大きな鳥，まさしく宇宙人っていうものもあれば，妖怪のようなものまで（あっそうそう，偶然ですがあの腹話術で有名な「いっこく堂」さんが使っているアメリカ製のパペットも発見しましたよ！ ものすごく高いんですよね，あれ）盛りだくさん。予算と使い勝手を考えるとどうも，というものが多くて悩む日々が続きました。ふと，いつもイベントで利用している"Sally Distributor"というパーティグッズを扱っている通販会社のカタログを見ていたら，な，なんと一つ$3.00で意外とかわいい鳥のパペットを発見！ 安いわりに口も動かせるようだったので，これだ！と思い早速注文しました。実物も予想よりはるかにイケていて，クチバシと足がオレンジ色の他，全身まっ黄色のかわいいヤツでしたので大助かりでした。（ちなみに国内で販売されているのを後日発見したのですが，2,500円でしたよ，うそみたいでしょ！）

　さあ，役者はそろいました。（ちなみに私が姿を隠してチャッキー役を担います。）あとはセリフの練習です。物語を，単なるあいさつを交わすだけのものにしたくなかったので，小学2年生にとってはかなり長い長い台本になってしまいました。レッスンの最

後の15分に机をかたづけて何十回も練習したのですが,やはりなかなかセリフが覚えられません。覚えられないもどかしさからか,二人とも集中力が途切れて遊びに走ってしまうことも多く,「もう,やめる?」と聞いたこともしばしば。それでもなんとか一人17行ほどのセリフを覚えてもらおうと,私が読んで吹き込んだテープを二人に渡し,家で覚えてきてもらう日々が続きました。

さて,本番です。二人ともいつもよりちょっとおしゃれをしてやってきました。私はというとチャッキー役とはいえ姿をあらわしてはいけないので,黒子に徹するために文字通り全身真っ黒(頭の黒い頭巾も自作です)の姿で登場です。

〈香奈ちゃん,チャッキーを抱きかかえ,彰彦くんの所へやってくる〉
香奈ちゃん:Hi, Akihiko. How are you?
彰彦くん:Hi, Kana. I'm fine thank you, and you?
香奈ちゃん:I'm fine too, thank you. Look! This is my new pet. His name is Chuckey. He can talk.〈よし,よし。滑り出しは順調,順調〉
彰彦くん:Hi, Chuckey. How are you?
チャッキー:〈あっ私だ!〉@%&'#〜*¥〈意味不明の発声。声色は鳥っぽく〉
彰彦くん:〈驚いた素振りを両手で表現して〉What? I don't understand!〈外国人ぽいね!〉
香奈ちゃん:No. We have to teach him English.
彰彦くん:OK. Let's!
香奈ちゃん:Hello, I'm Kana. How do you do?〈教えるような感じでゆっくりと〉
チャッキー:ハウデューユーデュー?〈チャッキーの口をパクパ

ク動かす〉
彰彦くん：Good! What's your name?
チャッキー：ワッツ　ユアー　ネーム？
彰彦くん：My name is Akihiko.
香奈ちゃん：And my name is Kana.〈完璧だねえ〉
チャッキー：My name is Chuckey.
彰彦くん：Wow! He can say his name.

この後，年齢のことを聞いたり（チャッキーは自分が何歳かわからない），好きな食べ物を聞いたり（ハンバーガーを初めて食べて大喜びするチャッキー），一緒にキャッチボールをしたりして友情を深めていく展開となっています。

（3ヶ月後）
香奈ちゃん：Akihiko, Chuckey can speak English very well now.
彰彦くん：Yes, he can sing too.
チャッキー：Twinkle twinkle little star.... Sally go round the sun. Sally go round the moon. Moon....
香奈ちゃん：What's the matter, Chuckey?〈演技力抜群！〉
チャッキー：Kana, Akihiko. I'm sorry but I have to say good-bye.
彰彦くん：Why?
チャッキー：I'm from the moon. I came to see what people are like.
香奈ちゃん：Oh, please don't go. We are good friends now.〈寂しそうに〉〈香奈ちゃん役者だねえ〉
彰彦くん：Yes. I will miss you so much.〈感じ出てる，出て

チャッキーといっしょに

る〉
チャッキー：I'll miss you too. But I have to go. Here are presents for you. Please don't forget me.〈ここで，なんと例のファービー人形を2つ取り出す。二人とも持ってて良かったあ〉

香奈ちゃん：Wow, it's cute!

彰彦くん：Thank you Chuckey. I won't forget you.

チャッキー：Good-bye, Kana & Akihiko.

二人：Good-bye, good-bye〜〈レッスンで習った歌をBGMに大きく手を振って見送る二人。ずいぶんとオーバーに見送ってくれる。去っていく黒子の私とチャッキー……〉

ねっ，涙が出そうなくらいの感動作品でしょ？
　さて，お待ちかねの結果発表です。パンパカパーン，パッパッ

第5章　楽しい英語の世界　223

パッパンパカパーン！　なんと"Friends Forever"が東京地区530作品中Big Kids部門で地区優秀賞に選ばれました！　優秀賞を取った作品はこの他に18作品ありました。昨年に比べて応募数が倍に増え，受賞はかなり難関とされていましたが，見事見事勝ち取りました！　Hooray!!　もう一つの"How to Make a Yummy Birthday Cake"の方は残念ながら落選してしまいました。かなりイケると思っていたんですけどね〜。何はともあれ，講師・お母さん方・子どもたちが一丸となって一つの作品を作り上げていく過程はとても有意義であり大切な時間だと思います。また子どもたちが生き生きと英語を使って発表できる場があることは実にすばらしいことですよね。"How to Make a Yummy Birthday Cake"では，お互いに協力し合うことの大切さを学びました。"Friends Forever"では，使ったセリフが自然に身につき，レッスン中でも何気なく言えるようになりました。狭い教室内だけの英語に留まらず，「勉強」という枠から飛び出してこそ，もっともっと英語が子どもたちの身近なものになっていくのではないでしょうか。

付 録

〈付録1〉「早期英語教育」等に関するアンケート

　著者が講師を務める英語教室およびその周辺の教室において，幼稚園就学前から中学生までの生徒のご父兄157名の方に，「早期英語教育」等に関する簡単なアンケートを行った（2000年秋実施）。主な質問項目とその結果について若干の考察を加えてみたい。

(1)早期英語教育についてどう思いますか？（一番当てはまると思うものを一つだけ。）

　この質問に関しては6割以上の方が，「いいことは早いうちからやるべきだ」という早期英語教育に対してポジティブな回答をされた。回答項目に「あまり早いうちからやっても意味がない（日本語がおかしくなる）」というものもあったが，これを選んだ方は0人であった。

(2)お子さんに英語を習わせようと思ったきっかけは？（この(2)以下の質問項目については当てはまると思われるものに「1位」〜「3位」の順位をつける方式で行い，本書では「1位」の結果を取り上げた。ただし，(5)のみは(5)との対照を見るため「2位」の結果を取り上げた。）

　「将来役に立つ」と「いい発音を身につけさせたい」の2つで6割を占め，英語学習に対して目的意識が感じられた。

(3)当英語教室を選んだ理由は？

　「英語と音楽という組み合わせがよかった」が4割，「体験レッスンで子どもが楽しそうにしていた」が3割強の回答。早期教育にとって，リズムなど体感的なこと，また子どもたちにとって無理のない形を大事にされているのが感じられる。

⑷日本人と英語についてどう思いますか？

　「(中・高) 6年も勉強して話せないなんて情けない」「早期英語教育に大いに期待する」などが上位に上がり，現在までの英語教育に対するネガティブな見解ととれる回答が目立った。

⑸小学校の「総合的な学習の時間」への英会話学習導入をどう思いますか？ (1位としての回答)

　「まだ全体像がつかめていないので不安」としつつも，「導入されるのを待っていた」という意見も多く，今回の導入に対する期待も感じられる。

⑸小学校の「総合的な学習の時間」への英会話学習導入をどう思いますか？ (⑸の質問に対して「2位」として選んだ回答。この項目では対照的な結果が出たので特に取り上げた。)

　⑸の回答で見られた導入への期待感を裏打ちする形で，「英語教室に早めに通わせようとする親がさらに増えると思う」「小学校3年からでは遅すぎる」といったさらに積極的な意見が上位を占めた。

　次ページ以降に主な結果をチャート化して掲載した。「早期英語教育」について考える際の一助としていただければ幸いである。

早期英語教育についてどう思いますか?

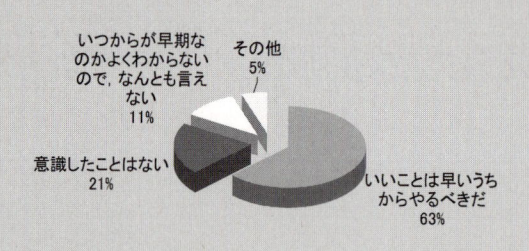

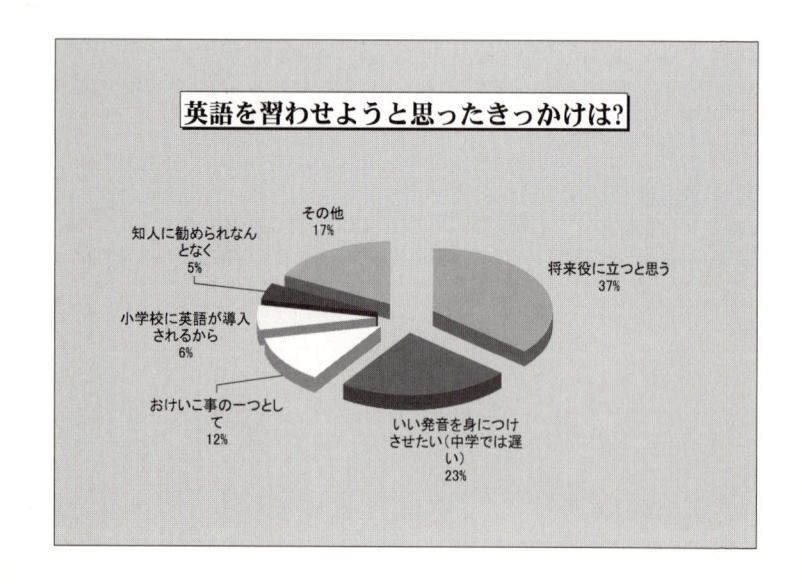

- いいことは早いうちからやるべきだ 63%
- 意識したことはない 21%
- いつからが早期なのかよくわからないので、なんとも言えない 11%
- その他 5%

英語を習わせようと思ったきっかけは?

- 将来役に立つと思う 37%
- いい発音を身につけさせたい(中学では遅い) 23%
- おけいこ事の一つとして 12%
- 小学校に英語が導入されるから 6%
- 知人に勧められなんとなく 5%
- その他 17%

教室を選んだ理由

- 英語と音楽という組み合わせがよかった 40%
- 体験レッスンで子どもが楽しそうだった 33%
- 無理なく通える場所・時間だった 12%
- 講師の感じがよかった 10%
- その他 6%

日本人と英語についてどう思いますか?

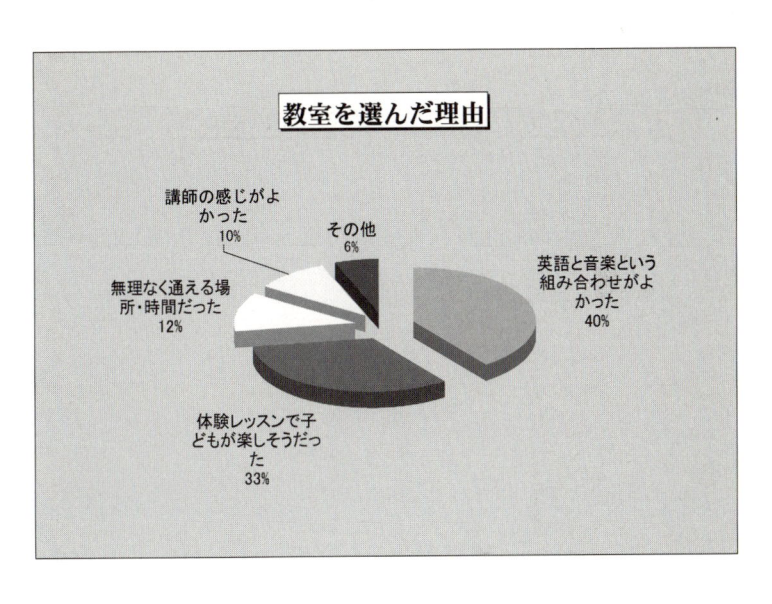

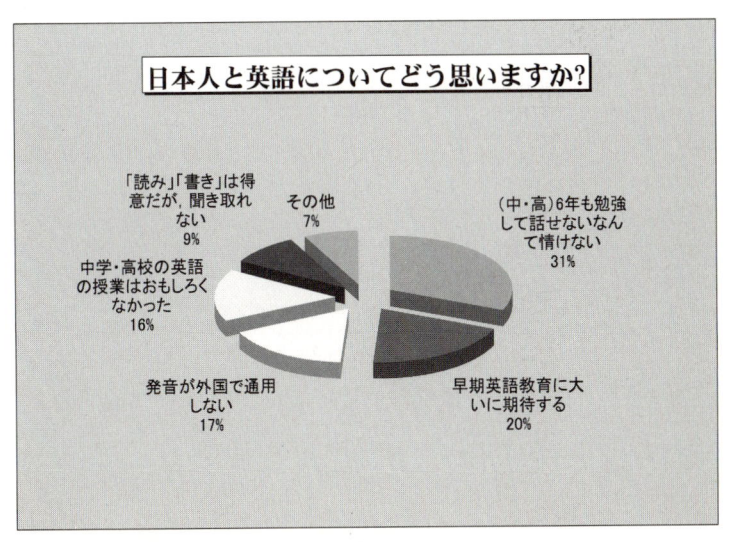

- (中・高)6年も勉強して話せないなんて情けない 31%
- 早期英語教育に大いに期待する 20%
- 発音が外国で通用しない 17%
- 中学・高校の英語の授業はおもしろくなかった 16%
- 「読み」「書き」は得意だが,聞き取れない 9%
- その他 7%

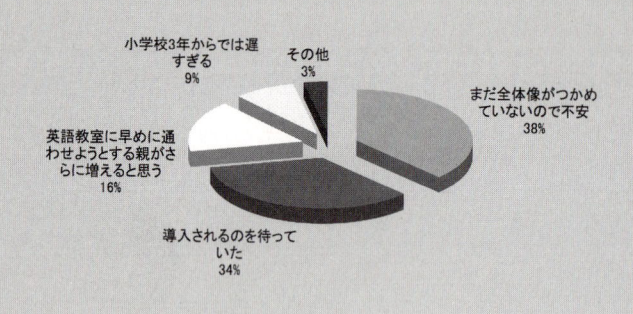

小学校の「総合的な学習の時間」に英会話学習を導入することについてどう思いますか？（1位）

- まだ全体像がつかめていないので不安　38%
- 導入されるのを待っていた　34%
- 英語教室に早めに通わせようとする親がさらに増えると思う　16%
- 小学校3年からでは遅すぎる　9%
- その他　3%

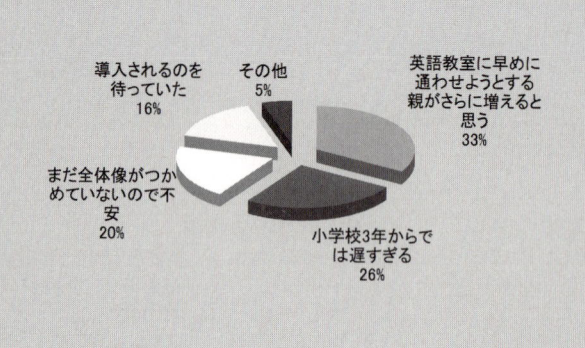

小学校の「総合的な学習の時間」に英会話学習を導入することについてどう思いますか？（2位）

- 英語教室に早めに通わせようとする親がさらに増えると思う　33%
- 小学校3年からでは遅すぎる　26%
- まだ全体像がつかめていないので不安　20%
- 導入されるのを待っていた　16%
- その他　5%

〈付録2〉2000年度 Kids & English 出展用スキット例
（イングリッシュセミナーコース）

The Funniest Japanese English

Characters : The Japanese tourist [J]
　　　　　　 The cashier (waiter) [C] 　Performed by
　　　　　　 Terry [T]　　　　　　　　　　Yukihiro

Directed by : Lisa Mikoshiba (Sakurai Gakki)

At Yummy-yummy fast fooder. A Japanese tourist comes in and tries to order some foods.

C : Hi, eat in or take out?
J : Eh- eat eat.
C : OK.
J : Ah, fried potato（フライド・ポテト）one. それから……。
C : Excuse me, but what did you say, sir?
J : フライド・ポテト。フライド……。
C : Fli...do. Fi...do. Oh, FIDO!! OK. Wait here.
　　This is Fido. Good dog! Does some tricks. Bark, Fido, bark.
　　(Bowwow.) That a boy!

(Fido bites on to the tourist.)

J：いて〜！ No! No! もういいや。Eh〜, cola one.

C：What did you say?

J：コーラ。コオラ！

C：Coula..... Ko-a-la. Oh, koala!! I'll go get him. Wait. This is koala. Lives in Australia. Oh, did you see the Olympics? I'm a fan of Ryoko. Great judo wrestler. （日本の旗を振りながら"Nippon, cha-cha-cha"。）

J：No, no, NO!! じゃあ，てりやきバーガーでいいや。

C：What did you say, sir?

J：てりやきバーガー。ないの？

C：Terry? Oh! I'll go get him. Hey Terry! This man here says you're a yucky guy.

T：What did you say, sir? (PUNCH!)

J：No, no, no, no. 誤解だよ〜！（失神してしまう。）

The good example of how to buy a food at a fast fooder.

C：Hi, eat in or take out?

J：Eat in, please. Let's see, I'll have one small French fries.

C：One small French fries.

J：One large Coke.

C：One large Coke.

J：And, do you have teriyaki burger here?

C：I'm afraid no, sir.

J：OK. Then I'll have one big hamburger.

C：One big hamburger coming up!

The End

参 考 文 献

Caroll, J. B. (1975) *The Teaching of French as a Foreign Language in Eight Countries.* New York : Wiley.
Jeremy Harmer, *et al.* (1995) *Touchdown,* Longman.
小池生夫監修(1994)『第二言語習得研究に基づく最新の英語教育』大修館書店.
Long, M. H. (1990) Maturational constraints on language development. *Studies in Second Language Acquisition,* 12, 3, 285.
島岡　丘監修(1998)『第二言語習得の研究』大修館書店.
東後勝明・松野和彦他(1997) *COLUMBUS ENGLISH COURSE* 光村図書出版.
ヤマハ(株)教育システム事業部(1996)『ヤマハ英語教室テキスト』ヤマハ株式会社.
――――(1996)『ヤマハ英語教室指導マニュアル』ヤマハ株式会社.
――――(1996)『ヤマハ英語教室指導ハンドブック』ヤマハ株式会社.

あ と が き

　散らばった ABC カードと名札を片付けながら，子どもたちのにぎやかな歓声が，次第に遠ざかっていくのを聞いていた静かな夕暮れ時，端正な顔立ちの一人の見知らぬ青年がドアの所に立っていました。
「あのー，理佐先生ですよね。」
「はい，そうですけど。」
「覚えていらっしゃるかわからないんですけど，先生のクラスにいた石田雄介です。」
「石田雄介さん……雄介……えっ，あの雄介くん!?」
「はい，思い出されました？」
「やだ〜，ほんとにあの雄介くんなの？」
「はい。僕変わりました？」
「随分かっこよくなっちゃって。大きくなったんだねえ。いくつになったの？」
「17 です。高校 2 年です。」
「そうなんだ。早いねえ，もう高校生？　あんなに小さかったのにね。」
「ええ。母から聞きましたが，ずいぶんあの頃先生を手こずらせたようで……。」
「そうよ。雄介くんは本当にやんちゃで，先生の言うことをなかなか聞いてくれなかったんだよ。いつも真っ赤なほっぺをして元気良く走り回っていたよね。」

「母はいつもはらはらして見ていたらしいんですけど，僕はレッスンに行くのがおもしろかったらしく，同じクラスの広樹くんと遊ぶのが楽しみだったみたいですね。」

「そうそう，あの広樹くんは残念ながら途中で引越しちゃって，おちゃめな明奈ちゃんとお歌が上手な未帆ちゃんの２人に囲まれてタジタジになりながらも，みんなで仲良くレッスン受けてたもんね。」

「あの頃はほんと楽しかったなあ。」

「で，今日はどうしたの？」

「あっ，そうなんです。実は僕，留学することになって，昔の写真なんかを向こうに持って行こうと思って母と一緒に探していたら，ハロウィンやクリスマスの写真が出てきてなんだかすごくなつかしくなってしまって……。」

「留学？ すごいじゃない。英語の勉強ずっとしてたんだ。」

「ええ。小さい頃ここで教わっていたおかげで，中学，高校に行ってからもけっこう得意科目になってたんですよ。それで，もっと英語が使える場がないかなと思って留学することに決めました。」

「それはすごくいいことだと思うよ。英語って生きている言葉だからね。いろんな人と会って使って磨かれていくもんだからね。たくさんのこと吸収しておいでよ。絶対将来にプラスになるから。経験者は語る，だからね。」

「そうですよね。今からすごく楽しみにしています。これも先生のおかげかな。」

「またまたあ！ 雄介くんならきっといい社会人になれるよ。がんばって。気をつけて行ってらっしゃい！」

「はい，先生もお元気で。手紙書きますよ。」

「楽しみに待ってるよ。でも英語で書いてくれなくちゃ，読まないからね！」

「あいかわらず厳しいなあ！」
……なあんて，いつかこんな日がきてくれたら，先生冥利に尽きるなあ。
　この本がみんなの夢の実現に少しでも役立つことを願って。

　2001年2月

著　者

◎ヤマハ英語教室 コース図

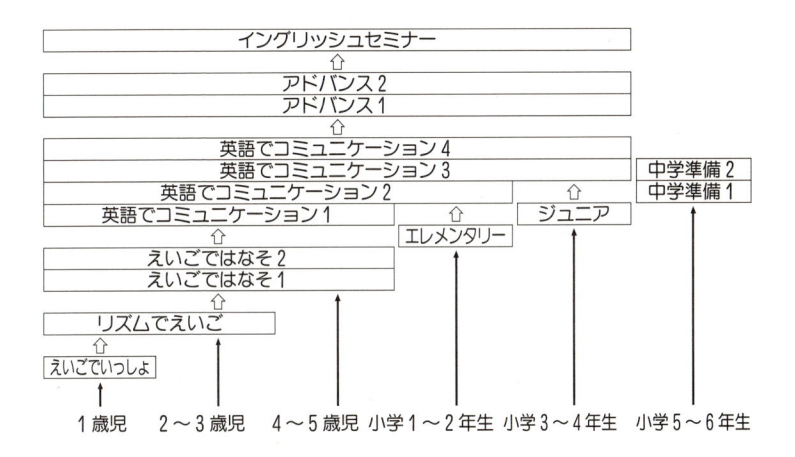

```
┌─────────────────────────────────────────────┐
│              イングリッシュセミナー              │
└─────────────────────────────────────────────┘
                      ↑
┌─────────────────────────────────┐
│           アドバンス2            │
├─────────────────────────────────┤
│           アドバンス1            │
└─────────────────────────────────┘
                ↑
┌─────────────────────────────┐
│     英語でコミュニケーション4    │           ┌──────────┐
├─────────────────────────────┤           │ 中学準備2 │
│     英語でコミュニケーション3    │           ├──────────┤
├─────────────────────────────┤    ↑      │ 中学準備1 │
│   英語でコミュニケーション2     │  ┌──────┐ └──────────┘
├─────────────────────────┐   │ ジュニア│
│  英語でコミュニケーション1 │ ↑ └──────┘
└─────────────────────────┘┌──────────┐
           ↑               │エレメンタリー│
┌──────────────────┐      └──────────┘
│   えいごではなそ2  │
├──────────────────┤
│   えいごではなそ1  │
└──────────────────┘
           ↑
┌──────────────────┐
│   リズムでえいご   │
└──────────────────┘
    ↑
┌──────────────┐
│えいごでいっしょ│
└──────────────┘

 1歳児    2～3歳児   4～5歳児  小学1～2年生  小学3～4年生  小学5～6年生
```

◎ヤマハ英語教室に関するお問い合わせ先

〈ホームページ〉　http://www.yamaha.co.jp/school/
〈フリーダイヤル〉0120-055-808

〈ヤマハ株式会社 教育システム事業部 地区別連絡先〉

北　海　道　〒064-0810　札幌市中央区南10条西1-1-50ヤマハ
　　　　　　　　　　　　センター　☎011-512-6176

東　　　北　〒980-0804　仙台市青葉区大町2-2-10住友生命青
　　　　　　　　　　　　葉通ビル　☎022-222-6081

関東・甲信越　〒108-8568　東京都港区高輪2-17-11
　　　　　　　　　　　　☎03-5488-6633

東 海 ・ 北 陸	〒460-8588	名古屋市中区錦1-18-28 ☎052-201-5426
近畿・中国・ 四 国 ・ 沖 縄	〒556-0011	大阪市浪速区難波中1-13-17ヤマハナンバビル　☎06-6647-2421
（2001年5月 以降）	〒542-0081	大阪市中央区南船場3-12-9心斎橋プラザビル本館
九　　　　州	〒812-8508	福岡市博多区博多駅前2-11-4 ☎092-472-2181
本　　　　部	〒108-8568	東京都港区高輪2-17-11 ☎03-5488-6631

［著者紹介］

御子柴理佐（みこしば　りさ）
広島県生まれ。5歳から9歳までアメリカにて生活。高2の時，アメリカへ1年間AFS（財団法人 エイ・エフ・エス日本協会）で交換留学。上智大学外国語学部英語学科卒業後，NTTでシステム営業を，NTTPCコミュニケーションズで広報を担当。現在，ヤマハ英語教室講師（サクライ楽器所属：☎ 03-3939-6201）。高等学校教員免許（英語）取得。英検1級，TOEICスコア900以上，TOEFLスコア600以上。日本児童英語教育学会（JASTEC）会員。

英語ははやくはじめよう！
© Lisa Mikoshiba, 2001

初版発行————2001年3月1日

著　者	御子柴理佐
発行者	鈴木一行
発行所	株式会社 大修館書店
	〒101-8466 東京都千代田区神田錦町3-24
	電話 03-3295-6231(販売部) 03-3294-2357(編集部)
	振替 00190-7-40504
	出版情報　http://www.taishukan.co.jp

装丁者	杉原瑞枝
イラスト	中尾典子
印刷所	壮光舎印刷
製本所	関山製本社

ISBN4-469-24458-9　　Printed in Japan

®本書の全部または一部を無断で複写複製（コピー）することは，著作権法上での例外を除き禁じられています。